Cuisiner
c'est facile

D1608776

MODUS VIVENDI

Cuisiner
c'est facile

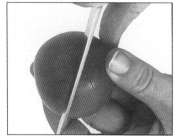 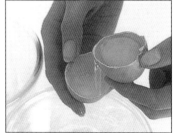

ELIZABETH WOLF-COHEN

MODUS VIVENDI

© 2004 Quantum Books Ltd
Paru sous le titre original de : *The Cook's Companion*
Ce livre est une production de Oceana Books Ltd

LES PUBLICATIONS MODUS VIVENDI INC.
5150, boul. Saint-Laurent 1er étage
Montréal (Québec)
Canada
H2T 1R8

Design de la couverture : Marc Alain
Infographie : Modus Vivendi
Traduction : Ghislaine de Cotret

Dépôt légal : 3e trimestre 2004
Bibliothèque nationale du Québec
Bibliothèque nationale du Canada
Bibliothèque nationale de Paris

ISBN : 2-89523-272-5

Nous reconnaissons l'aide financière du gouvernement du Canada par l'entremise du Programme d'aide au développement de l'industrie de l'édition (PADIÉ) pour nos activités d'édition.
Gouvernement du Québec — Programme de crédit d'impôt pour l'édition de livres — Gestion SODEC

TABLE DES MATIÈRES

LES FINES HERBES, LES ÉPICES ET LES ASSAISONNEMENTS

Les fines herbes, les épices et les assaisonnements contribuent au plaisir de bien manger. Utilisés en petites quantités, ils n'ajoutent pas de valeur nutritive aux mets. Cependant, ils rehaussent l'arôme, la saveur et l'apparence de presque tout ce que nous préparons. La vanille, le safran, les vins et les spiritueux donnent un goût distinct aux aliments.

LES FINES HERBES

L'utilisation de fines herbes en cuisine est une façon créative et saine de rehausser la saveur des aliments. On peut les employer de diverses manières afin d'obtenir des goûts variés. Elles jouissent d'une grande popularité de nos jours. Les supermarchés proposent de nombreuses variétés de fines herbes fraîches.

Les herbes feuillues se divisent en deux groupes : les herbes fragiles et les herbes robustes. Parmi les herbes fragiles, on retrouve le persil, l'estragon, le basilic, le cerfeuil et la menthe. Leurs feuilles sont délicates et talent facilement. Elles sont excellentes coupées grossièrement et servies fraîches en garniture ou légèrement cuites. Pour des cuissons plus longues, on utilise les tiges, qui dégagent plus de saveur, et qu'on retire avant de servir.

Les herbes robustes, comme le thym, les feuilles de laurier, le romarin, la sauge, la sarriette, l'origan et la marjolaine, ont des feuilles épaisses et solides de même qu'un arôme plus marqué. Pour cette raison, on s'en sert surtout pour les cuissons prolongées, par exemple dans les bouillons et les ragoûts. Certaines plantes produisent des feuilles et des graines considérées comme des épices, notamment l'aneth, le céleri, l'angélique, la livèche, le fenugrec et la coriandre. En général, on utilise leurs feuilles délicates comme des herbes fragiles. Les graines, écrasées, doivent cuire plus longuement.

Origan

Thym citronné

Persil

Cerfeuil

Basilic

Romarin

Oseille

COMMENT CHOISIR ET CONSERVER LES FINES HERBES

À l'achat, choisissez des fines herbes belles, fraîches et odorantes. Évitez les herbes à l'odeur vieillie et aux feuilles jaunies. Si vous achetez des herbes séchées, préférez de petits contenants que vous utiliserez en moins d'un an. Rangez-les dans un endroit sombre, sec et frais.

LES GROSSES BOTTES DE FINES HERBES À LONGUE TIGE :
Coupez le bout des tiges et placez les bottes dans une bouteille remplie d'eau. Enveloppez les feuilles dans un sac en plastique que vous attacherez serré autour du goulot. Réfrigérez, si possible, pendant plusieurs jours.

LES FINES HERBES FRAÎCHES À TIGE COURTE :
Enveloppez les tiges dans un essuie-tout humide, puis mettez le tout dans un sac en plastique. Conservez dans le tiroir à légumes du réfrigérateur. Les tiges se conserveront pendant plusieurs jours.

COMMENT SÉCHER ET CONGELER LES FINES HERBES

Évitez le plus possible de laver les feuilles. Secouez-les pour enlever la poussière et essuyez toute saleté avec un essuie-tout ou vos doigts. Vous pouvez vous procurer des plateaux en filet empilables pour le séchage des fines herbes dans les cuisineries.

SÉCHAGE EN BOTTE : Attachez les fines herbes à l'aide de ficelle. Suspendez-les par les tiges dans un endroit chaud, sec, bien aéré et à l'abri des rayons du soleil. Si vous séchez les herbes à l'extérieur, rentrez-les le soir pour éviter la formation de moisissure due à la condensation. Vous pouvez aussi étendre des branches sur une plaque à biscuits et les retourner de temps à autre. Lorsqu'elles sont sèches, détachez les feuilles et placez-les dans des bocaux en verre. Conservez-les comme les herbes séchées.

SÉCHAGE AU MICRO-ONDES ET AU FOUR :
Pour sécher les fines herbes au micro-ondes, déposez environ 6 branches sur 2 essuie-tout. Couvrez-les d'un autre essuie-tout. Faites cuire au micro-ondes de 2 à 3 minutes à puissance maximale. Vous pouvez aussi utiliser le four conventionnel. Préchauffez le four à la plus basse température. Déposez les branches sur une grille placée sur une plaque recouverte d'une étamine. Mettez au four en gardant la porte entrouverte. Remuez les branches de temps à autre jusqu'à ce qu'elles soient bien sèches.

CONGÉLATION DES FINES HERBES ENTIÈRES :
Attachez les fines herbes en bouquets et trempez-leur la tête quelques secondes dans l'eau bouillante. Plongez-les ensuite dans l'eau glacée afin d'arrêter la cuisson et de préserver la couleur. Asséchez doucement. Détachez les feuilles et placez-les dans des sacs à congélation. Ajoutez les fines herbes surgelées directement aux aliments lors de la cuisson. Cette méthode convient très bien au persil et à l'estragon. Il n'y a pas lieu de blanchir le basilic, la ciboulette et l'aneth.

CONGÉLATION DES FINES HERBES HACHÉES :
Déposez une cuillerée à soupe de fines herbes hachées — persil, ciboulette, aneth, estragon ou coriandre — dans les compartiments d'un bac à glaçons. Couvrez totalement d'eau et congelez. Il vous suffira de mettre un glaçon d'herbes ou deux dans vos soupes ou vos ragoûts.

COMMENT HACHER LES FINES HERBES

Ce sont les huiles essentielles des fines herbes qui leur confèrent leur saveur et leur arôme. Détachez les feuilles des tiges avant de les hacher. Réservez les tiges pour les bouillons et les soupes.

Empilez les fines herbes sur une planche à découper. Appuyez-y la lame d'un couteau de chef et, dans un mouvement de va-et-vient, taillez à la mouture désirée.

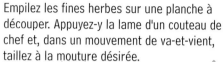

Aneth

Basilic

Marjolaine douce

COMMENT CONFECTIONNER UN BOUQUET GARNI

Le bouquet garni est l'un des aromates les plus importants en cuisine. Il vient rehausser la saveur des bouillons, des ragoûts et des pot-au-feu. La version classique comprend du persil frais, des tiges de thym et des feuilles de laurier, avec parfois une branche de céleri ou le vert d'un poireau. On trouve dans le commerce des petits bouquets garnis d'herbes séchées, mais les fines herbes fraîches leur sont nettement supérieures. Attachez les fines herbes à l'aide d'une ficelle et retirez du plat avant de servir.

LA FAMILLE DES OIGNONS

Même si on l'inclut parmi les légumes, la famille des oignons fournit nos assaisonnements les plus courants : l'oignon, l'ail, l'échalote, le poireau et la ciboulette – seule véritable herbe fine de la famille. L'ail ne laisse personne indifférent. Certains l'adorent, d'autres l'évitent à tout prix. L'ail possède une saveur âcre, un arôme distinctif et des propriétés anticoagulantes. On s'en sert couramment dans les cuisines méditerranéenne et asiatique. On peut le faire rôtir et le servir comme légume, mais en général on l'utilise en petites quantités pour rehausser la saveur des aliments. On connaît le bulbe blanc – le plus connu –, le bulbe rougeâtre et le bulbe pourpre. Leur saveur va de douce à intense, l'ail le plus frais étant le plus doux. L'ail d'orient, au bulbe géant, a un goût très fin et est de plus en plus répandu. Il se prête bien au rôtissage.

CUISINER AVEC L'AIL

L'ail cru entre dans la confection de vinaigrettes, de marinades et de trempettes. On l'utilise aussi dans beaucoup de plats cuisinés. On l'ajoute souvent à des oignons sautés légèrement comme base de nombreux mets. S'il cuit longtemps, la saveur de l'ail s'adoucit. Ne laissez pas brunir l'ail, car il prendra un goût amer.

FRITURE DE L'AIL : Pour faire frire de l'ail avec des oignons, faites d'abord cuire les oignons, à feu moyen, avec 1 à 2 c. à soupe de beurre ou d'huile. Ajoutez l'ail et laissez cuire 1 minute seulement afin qu'il s'attendrisse et dégage son arôme. Suivez bien la recette. Ne laissez pas brunir l'ail.

L'AIL COMME ASSAISONNEMENT : Pour assaisonner un plat avec de l'ail, faites chauffer 2 c. à soupe (ou plus) d'huile dans un poêlon, à feu moyen. Ajoutez-y quelques gousses d'ail et remuez-les souvent. Lorsque l'ail ramollit et prend une couleur dorée, retirez-le et faites cuire les autres ingrédients selon la recette.

COMMENT PELER ET HACHER L'AIL

L'ail plus âgé commencera à germer. Retirez la tige verte interne qui a un goût amer.

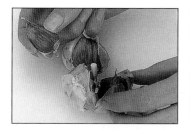

SÉPARER LES GOUSSES :
Pour séparer les gousses, écrasez le bulbe dans la paume de la main. Vous pouvez aussi détacher les gousses du bulbe avec les doigts.

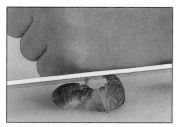

ÉCRASER L'AIL :
Pour écraser une gousse d'ail avec un couteau, placez le plat de la lame d'un couteau de chef sur la gousse et frappez-le du poing. Enlevez l'écorce.

HACHER L'AIL :
Pour hacher de l'ail à la main, pelez la gousse, coupez ses extrémités et hachez finement, comme pour les herbes feuillues. Vous pouvez aussi utiliser la technique recommandée pour l'échalote.

ASTUCE CUISINE

Mettez le bulbe pelé dans un presse-ail. Pressez afin de dégager la pulpe. Réservez aux plats qui requièrent un arôme très relevé.

LES ÉCHALOTTES

L'échalote, un légume pourpre et vert, est une variété d'oignon. On l'utilise beaucoup en cuisine française. Comme l'ail, il ne faut pas la laisser brunir, sinon elle prend un goût amer. On l'incorpore émincée et crue dans les vinaigrettes ou les marinades, ou on s'en sert comme base de sauces au goût délicat.

PRÉPARER L'ÉCHALOTE :

1 Pour peler l'échalote, coupez-lui la tête et les racines à l'aide d'un petit couteau tranchant, puis retirez la pelure brune. Parfois, il y a deux échalotes dans une. Séparez au besoin, et déposez chaque section à plat sur une planche à découper.

2 Coupez l'échalote dans le sens de la longueur jusqu'à la racine, sans aller jusqu'au bout. Retenez l'échalote avec vos doigts et tranchez-la horizontalement, jusqu'à la racine, sans aller jusqu'au bout.

3 Tranchez ensuite l'échalote dans le sens de la largeur pour obtenir de petits dés fins.

LA CIBOULETTE

La ciboulette a un arôme doux et agréable, qui rappelle l'oignon. Elle garnit agréablement les mets, soit coupée, hachée ou entière. Il est préférable d'utiliser de la ciboulette fraîche. Vous pouvez la congeler dans de petits sacs en plastique, et l'utiliser directement du congélateur.

PRÉPARER LA CIBOULETTE :

1 Utilisez des ciseaux de cuisine. Tenez quelques brins de ciboulette dans une main et coupez-les en petits morceaux.

2 Vous pouvez aussi la couper ou la hacher en petits morceaux à l'aide d'un couteau.

COMMENT CHOISIR ET UTILISER LES ÉPICES

De nos jours, les supermarchés vendent la plupart des épices, entières ou moulues. Achetez-les en petites quantités, car elle perdent leur puissance avec le temps. Les épices entières durent plus longtemps que les épices moulues. Rangez-les dans des bocaux hermétiques, dans un endroit frais, sec et sombre. Conservez les épices rouges, comme le paprika, la cayenne et les flocons de piment rouge séchés, au réfrigérateur afin de préserver leur goût piquant et leur couleur.

Les cuisines des régions chaudes comme l'Inde, l'Afrique du Nord, l'Afrique, l'Amérique latine et l'Indonésie utilisent plus abondamment les épices, peut-être en raison de leur proximité géographique. En Europe centrale et du Nord, on emploie des épices odorantes et d'autres plus piquantes, telles que la cannelle, la muscade et le clou de girofle, et des graines de l'aneth, du genièvre et du paprika. Les cuisines française et italienne préfèrent souvent les fines herbes fraîches aux épices, alors que les cuisines chinoise et japonaise insistent plus sur l'ail, le gingembre et le soja.

Il existe des mélanges d'épices traditionnels. On les trouve dans le commerce ou on les prépare soi-même. Le cari, le garam masala (un mélange d'épices indiennes traditionnelles), la poudre chili américaine, le cinq-épices chinois, le piment de la Jamaïque français et l'épice nord-africaine ras-el-hanout : tous ces mélanges sont plus savoureux si vous les préparez à la maison avec des épices entières. Les épices piquantes, comme le poivre, la moutarde, les piments forts et le gingembre, ajoutent une chaleur intense et des saveurs uniques aux aliments. Il faut faire preuve de prudence et de modération avec ces épices en raison de leur grande puissance.

PRÉPARER UN SACHET À ÉPICES

Pour fabriquer un sachet à épices pour des conserves ou des mets à cuisson lente, enveloppez les épices choisies dans une étamine. Rassemblez les pointes et attachez-les avec de la ficelle, mais prévoyez un bout assez long pour l'attacher à la marmite. Ainsi, il sera plus facile de retirer le sachet à la fin de la cuisson.

COMMENT GRILLER LES ÉPICES

Pour griller les épices entières avant de les moudre, déposez-les dans un poêlon à fond épais à feu doux. Mélangez et remuez jusqu'à ce qu'elles dégagent leur fragrance. Faites attention, elles brûlent facilement. Laissez-les refroidir dans une assiette avant de les moudre.

COMMENT MOUDRE LES ÉPICES

Pour moudre les épices, utilisez un mortier et un pilon ou un moulin à café électrique que vous réserverez à cette fin. Pour une mouture plus grossière, mettez les épices dans un sac en plastique, fermez le sac puis écrasez-le à l'aide d'un poêlon lourd ou d'un rouleau à pâtisserie.

LE POIVRE

On connaît les grains de poivre noirs, blancs ou verts. Le poivre noir est une baie sèche non mûrie. Le poivre blanc est un grain noir dont on a retiré la gaine. Il a un goût moins intense et on l'utilise surtout dans les sauces à la crème. Le poivre vert n'a pas mûri et a un goût plutôt acide. On se le procure en conserve dans de la saumure ou surgelé à sec. Il faut rincer le poivre en saumure avant de l'employer dans les sauces à la crème pour les biftecks ou d'autres viandes riches comme le canard ou la venaison. Dans le cas de grains surgelés, écrasez légèrement les grains de poivre.

Les grains de poivre rose proviennent d'Amérique du Sud. Ils sont apparentés à l'herbe à puce. Leur goût est plus relevé et plus acide. On s'en sert surtout pour la décoration. Le poivre de Sichuan est une baie séchée. Son arôme unique est recherché en cuisine chinoise. Faites rôtir les grains un peu avant de les écraser.

LA MOUTARDE

La moutarde peut avoir des graines noires, blanches ou brunes. Les graines noires ont un goût plus raffiné, mais sont difficiles à cultiver. On les remplace souvent par les graines brunes, qui conviennent mieux à la production. Les graines jaunes, courantes dans les moutardes américaines, sont les plus douces. On voit parfois des graines de moutarde entières dans les marinades, les condiments et la cuisine indienne. La moutarde commerciale consiste en moutarde moulue mélangée à des liquides. Toutes les sortes de moutarde servent de condiments et d'ingrédients culinaires.

Conservez les moutardes dans un endroit frais jusqu' à un an. Il faut réfrigérer tout pot de moutarde préparée après son ouverture.

La *moutarde de Dijon* est l'une des moutardes les plus connues. Elle doit répondre à certaines normes. Il s'agit d'un mélange établi de graines de moutarde noires moulues, de sel, d'épices et de vin ou de vinaigre de vin.

Les *moutardes américaines* sont confectionnées à base de graines de moutarde jaunes, de sel, de vinaigre et d'épices. Le curcuma leur confère sa couleur jaune claire qu'on associe souvent aux hot-dogs des stades de baseball.

La plupart des *moutardes allemandes* sont jaune foncé. Elles ont un goût

Moutarde de Dijon

Moutarde américaine

Moutarde allemande

Moutarde à l'ancienne

moins acide (plus sucré), car on y ajoute du caramel.

La *moutarde extra-forte à l'anglaise* combine des graines foncées et pâles moulues. Elle a une couleur jaune intense, une texture onctueuse et une saveur très forte. On ajoute la moutarde extra-forte sèche à la mayonnaise, aux sauces au fromage et à d'autres sauces ou vinaigrettes.

La *moutarde chinoise* a une saveur très forte. On la vend moulue et on peut la diluer avec de l'eau ou d'autres liquides. On l'utilise aussi comme condiment ou comme trempette.

Beaucoup de pays produisent des *moutardes à l'ancienne*. Elles ont une texture moins fine, car on utilise des graines grossièrement moulues.

CUISINER AVEC LA MOUTARDE

Moutarde à l'anglaise

MOUTARDES PRÉPARÉES MAISON :
Mélangez des quantités égales d'eau, de vin, de lait ou de bière avec la même quantité de moutarde sèche. Laissez reposer le mélange pendant 15 minutes afin que se développe la saveur.

COMMENT UTILISER LES MOUTARDES PRÉPARÉES :
Ajoutez des moutardes du commerce à vos sauces à la crème ou à vos sauces au jus de viande en fouettant juste avant la fin de la cuisson. Une cuisson trop longue réduit la saveur et l'intensité de la moutarde.

LES PIMENTS FORTS

Il existe des dizaines de variétés de poivrons, doux ou forts. On considère les poivrons doux comme des légumes. Par contre, les piments forts, surtout utilisés en petites quantités, constituent un assaisonnement épicé. Ils varient en saveur, en couleur et en intensité. Le piquant provient des graines et des veines du piment. Les huiles naturelles des piments peuvent brûler les yeux et d'autres parties sensibles, donc portez des gants en caoutchouc pour les manipuler. Lavez bien les ustensiles et les surfaces en contact avec les piments.

Les *flocons de piment rouge séchés* et les *piments broyés* sont faits de piments séchés. Ils sont légèrement moins forts que les piments frais.

Le *poivre de cayenne* est une fine poudre de piment rouge très fort. À utiliser en très petites quantités.

Le *paprika* est une mouture de différentes variétés de poivrons rouges européens. La Hongrie produit les paprikas les plus savoureux, de doux et sucrés à forts et épicés. On en retrouve dans ses célèbres goulash. En Espagne, où le paprika est très apprécié, on retire les graines et les veines des poivrons avant de les moudre. *La sauce au piment*, vieillie trois ans avant sa mise en bouteille, agrémente les soupes, les ragoûts et divers plats mexicains et créoles.

Piments rouges

Piments des Caraïbes

Jalapeños verts

Habañeros

Piments Scotch Bonnet

COMMENT PRÉPARER LES PIMENTS

Pour obtenir une saveur plutôt douce, bien que relevée, videz le piment et enlevez ses graines avant de le couper. Lavez bien vos mains ainsi que tout l'équipement utilisé. Portez des gants en caoutchouc ou en plastique.

Jalapeño rouge

1 À l'aide d'un petit couteau, coupez le piment en deux sur le long. Enlevez les graines et les veines blanches des parois.

Piments oiseaux

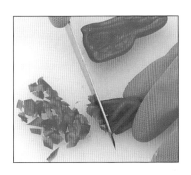

2 Coupez d'abord en fines lanières, sur le long, puis en petits morceaux.

SOLUTIONS DE REMPLACEMENT

Remplacez les piments frais par des piments séchés du commerce. Coupez le pédoncule du piment et enlevez les graines en le secouant. Mettez le piment dans un petit bol d'eau tiède pendant 30 minutes, puis égouttez.

LE GINGEMBRE

Gingembre frais

Cette racine, ou rhizome, se vend fraîche, séchée, moulue, marinée, confite entière ou cristallisée. Le gingembre, à la fois fort et délicat, est indissociable des cuisines chinoise et indienne. Frais, le gingembre doit être rondelet, avec une écorce d'un beige uniforme. Après l'avoir pelé, on peut le râper, le hacher ou le trancher, et l'utiliser dans des plats sucrés ou salés. On peut aussi sécher sa racine, puis la râper pour la cuisson. Vous pouvez conserver le gingembre au réfrigérateur pendant trois jours si vous le rangez dans une serviette en papier ou un sac en plastique.

Le gingembre mariné dans le vinaigre est un condiment rosé à saveur relevée très apprécié avec les sushis.

Le gingembre en conserve, en sirop ou cristallisé, est une délicieuse sucrerie. On l'utilise dans la confection de pâtisseries, de flans, de crèmes glacées et de salades de fruits. On en trouve au supermarché.

La réglisse de gingembre est un autre produit de gingembre mariné. Assaisonné de sel et de sucre, le rhizome entre dans la préparation de mets de poisson chinois. On en trouve dans les épiceries orientales.

Gingembre moulu

Gingembre mariné

Gingembre cristallisé

Gingembre confit

COMMENT PRÉPARER LE GINGEMBRE FRAIS

PELER ET HACHER :
À l'aide d'un économe, pelez l'écorce du gingembre afin d'exposer la chair. Coupez en fines tranches dans le sens de la longueur, puis en travers, jusqu'à l'obtention de petits morceaux.

LA COUPE JULIENNE :
Coupez le gingembre sur le long en petites tranches, puis émincer en julienne.

RÂPER :
Frottez la chair du gingembre pelé contre le côté fin d'une râpe à fromage. Utilisez le jus et la chair.

LE RAIFORT

Le raifort est une racine à saveur intense de la famille du chou. Plante indigène d'Europe de l'Est, on l'utilise crue, soit râpée, comme condiment, ou comme ingrédient d'autres condiments, comme les sauces à fruits de mer.
Le raifort commercial dans le vinaigre est le condiment traditionnel du poisson gefilte, un mets de fête juif. On le mélange parfois aux betteraves; on l'appelle alors *chrein*. Mélangez-le à de la crème fouettée ou sure et vous obtenez l'accompagnement classique du rosbif, des pot-au-feu et du poisson fumé. Puisque la chaleur nuit à sa saveur, on le sert en sauces froides.

COMMENT RÂPER LE RAIFORT FRAIS

Le raifort est si fort qu'il est difficile de le râper à la main, car ses vapeurs blessent les yeux et font pleurer. Utilisez le disque râpeur du robot culinaire. Gardez le couvercle bien fermé pendant trois à cinq minutes. Enlevez le couvercle en vous tenant à l'écart. Les vapeurs peuvent être très fortes.

LE SEL ET LES ASSAISONNEMENTS SALÉS

Le sel est un assaisonnement indispensable en cuisine, mais il faut l'utiliser avec soin. On ne peut corriger un excès de sel, quoique l'ajout d'un peu de crème, de lait, de pommes de terre ou de riz contribue à équilibrer la saveur. On sale la plupart des aliments et des sauces au début de leur cuisson afin de bien marier les goûts. Par contre, on ne doit saler les sauces et les bouillons réduits pour intensifier leur saveur qu'à la fin de la cuisson, le cas échéant. Certains ingrédients tels le bacon et le fromage peuvent se passer de sel. Par contre, il en faut dans la confection de pains et de pâtisseries, car il rehausse la saveur et agit sur la levure. Puisque le sel attire l'humidité, il sert à faire dégorger aubergines et concombres. De même, on sale les viandes juste avant leur cuisson, car le sel fait sortir leur jus. Parmi les assaisonnements salés, mentionnons la sauce soja et certains extraits de viande et de levure.

GLOSSAIRE DES SELS

Sel de table Sel marin ou sel gemme, fin et doux : condiment le plus répandu, qui se dissout instantanément. La plupart des sels de table contiennent de l'iode.

Sel cacher Gros cristaux irréguliers, sans additifs ni iode, au goût «moins salé». Idéal pour saupoudrer de grandes surfaces ou saler de grandes quantités d'eau.

Sel marin ou de baie Sel obtenu par évaporation de l'eau de bassins peu profonds, de qualité supérieure au sel de table. Le sel gris est considéré comme le meilleur des sels.

Sel gemme Grains de sel de mine concassés grossièrement, utilisés dans les machines à crème glacée et pour la présentation des fruits de mer.

Sel assaisonné Sel qu'on a assaisonné avec du céleri, de l'oignon, de l'ail ou du sésame; sert à agrémenter divers mets.

Sel aigre Il ne s'agit pas de sel proprement dit, mais d'une forme cristallisée d'acide citrique faite de sel citrique et de citron ou de limette. Surtout utilisé dans la cuisine du Moyen-Orient.

Sels légers ou substituts Recommandés dans les régimes alimentaires réduits en sel. Ils contiennent du chlorure de sodium ou de potassium.

Sel marin   Sel de baie   Sel gemme

Sel d'oignon

Sel d'ail

Sel de céleri

LA SAUCE SOJA

La sauce soja est préparée à partir de pousses de soja fermentées et de blé. Le tout est salé, puis vieilli afin de développer la saveur.

La sauce soja claire est moins colorée mais plus salée que la sauce soja foncée. Idéale pour la cuisson.

La sauce soja foncée est vieillie long-temps, ce qui lui confère sa couleur riche et sa texture plus épaisse. On s'en sert dans des mets assez relevés ou comme trempette.

La sauce soja japonaise, appelée shoyu, est considérée comme supérieure en raison de sa fermentation naturelle.

Sauce soja claire

Sauce soja foncée

LES SAUCES AU POISSON

Les cuisines asiatiques emploient une sauce au poisson fermentée pour saler les mets. Le *nam pla*, une sauce thaïlandaise, et le *nuoc nan*, une sauce vietnamienne, se trouvent en épicerie. Ils rehaussent la saveur des mets et servent aussi de trempettes pour les aliments frits.

La sauce d'huître est une sauce de poisson chinoise à base d'huîtres et de blé, de maïs ou de riz.

La pâte d'anchois, faite d'anchois salés en purée, donne un goût salé étonnamment sans saveur de poisson à plusieurs mets de viande, de légumes et de poisson.

Nam pla

LES OLIVES ET LES CÂPRES
LES ESSENCES ET LES EXTRAITS

Non seulement les olives font-elles d'excellents hors-d'œuvre, mais elles donnent du piquant à plusieurs mets : salades, pizzas, sauces pour pâtes, viandes et canard. Elles produisent une huile des plus délicieuse. On les vend noires (mûres) ou vertes (non mûres), grosses ou petites, en saumure ou salées à sec ou les deux. Les câpres ont une saveur relevée et salée, et rehaussent divers mets.

LES ESSENCES ET LES EXTRAITS

Les essences et les extraits utilisés en cuisine proviennent d'huiles de plantes aromatiques. Aujourd'hui, bon nombre sont synthétiques. Plutôt volatils, ils se dissipent rapidement à l'air ou à la chaleur. Ajoutez-les donc aux aliments froids ou refroidis. Dans les gâteaux ou les biscuits, mettez-les en crème avec le corps gras, ce qui ralentit l'évaporation. En général, on utilise 1 c. à thé d'essence pour 500 g (2 tasses) d'ingrédients secs, selon les recettes et les goûts. La vanille et l'amande sont deux parfums très populaires. Les extraits de citron, de menthe, de menthe verte, de cannelle et de clou de girofle sont aussi appréciés. Les extraits à base de fleurs, tels que l'eau de rose ou de fleur d'oranger, au parfum puissant, entrent dans les cuisines du Moyen-Orient, indienne et méditerranéenne. Conservez les eaux de fleur ainsi que les essences et les extraits dans un endroit frais et obscur, de préférence dans des bouteilles foncées.

LES OLIVES

L'olive est l'un des fruits les plus anciens du monde. Il y en a des centaines de variétés. La seule différence entre les olives noires et les vertes est leur degré de maturité. Non mûres, les olives sont vertes ; mûres, elles sont noires. Le plus souvent, on dénoyaute les olives vertes et on les farcit de poivrons, d'amandes, d'anchois, de piments jalapeños, d'oignons ou de câpres.

LES CÂPRES

COMMENT UTILISER LES CÂPRES :
Les câpres sont les boutons du câprier, une plante méditerranéenne. On les conserve toujours dans le sel ou le vinaigre. Attention ! la chaleur fait ressortir leur goût salé. Rincez et égouttez les câpres avant de les incorporer aux mets à la fin de la cuisson.

LA VANILLE

La vanille est probablement l'essence la plus utilisée en cuisine. La gousse de vanille est le fruit de l'orchidée tropicale. On la cueille avant maturité et on la fait sécher au soleil jusqu'à un an afin de concentrer son arôme. Les longues gousses noires sont indispensables pour parfumer les crèmes glacées, les flans, les sauces et les sirops. Après son utilisation, vous pouvez rincer la gousse, l'égoutter, la sécher et la réutiliser.

COMMENT PRÉPARER LA VANILLE :
1 À l'aide d'un petit couteau, coupez la gousse en deux dans le sens de la longueur. Infusez la vanille de 20 à 30 minutes dans un liquide chaud, comme du lait ou un sirop simple.
2 Pour un parfum plus relevé, coupez la gousse en deux et retirez les graines à l'aide du couteau. Ajoutez au mélange liquide quand vous faites des glaces, des crèmes et des flans.

LE SUCRE VANILLÉ :
Insérez une gousse de vanille coupée en deux dans un pot de sucre de 500 g (2 tasses). Gardez couvert pendant 2 à 3 jours ou plus. Utilisez ce sucre dans toutes les recettes qui demandent un soupçon de vanille.

L'ASSAISONNEMENT AVEC LES VINS ET LES SPIRITUEUX

LE VIN

Le vin peut donner du corps à de nombreux mets, mais il doit réduire durant la cuisson sinon il prend un goût âpre et aigre. L'alcool doit s'évaporer en partie durant une longue cuisson, comme dans les ragoûts ou les pot-au-feu. Réduisez le vin sur la cuisinière pour accentuer sa saveur dans les sauces. Les caractéristiques du vin s'amplifient durant la cuisson. Par conséquent, un vin bon à boire sera idéal pour cuisiner. Choisissez des vins rouges robustes pour la viande, le gibier, les rôtis, les sauces brunes et au jus. Réservez les vins rouges légers ou les vins blancs pour le veau, le poulet et le poisson. Évitez le vin avec les aliments salés ou fumés et avec les mets au parfum d'agrumes.

LES SPIRITUEUX, L'EAU-DE-VIE ET LES LIQUEURS

On peut utiliser les spiritueux et les eaux-de-vie en début de cuisson pour donner de la saveur et du corps à un mets, ou juste avant de servir pour accentuer le goût. On s'en sert couramment dans les pâtés et les terrines de même que dans les gâteaux aux fruits. Ils agissent aussi comme agents de conservation. On ajoute souvent les vins fortifiés, tels le xérès, le porto, le madère et le marsala, aux sauces en fin de la cuisson ou pour déglacer les poêlons. Les liqueurs et les cordials conviennent surtout aux desserts. On peut les flamber avec des spiritueux plus forts.

COMMENT DÉGLACER UN POÊLON

Pour déglacer un poêlon, retirez-en la viande, puis le gras. Versez du vin ou un spiritueux et grattez le fond du poêlon.

COMMENT FAIRE RÉDUIRE LE VIN

1 Pour faire réduire et concentrer du vin, incorporez-le en tout ou en partie au liquide de cuisson de la viande ou du gibier. Une cuisson lente et prolongée fera s'évaporer l'alcool, qui laissera ainsi une saveur plus prononcée.

2 Pour faire réduire du vin en vue de faire une sauce ou de déglacer, versez le vin dans une casserole et faites-le réduire de moitié, en laissant mijoter à feu moyen-vif.

COMMENT FLAMBER

1 Chauffez le spiritueux, le xérès ou la liqueur à feu moyen-vif dans une petite casserole ou une louche jusqu'à la formation de bulles. Ne faites pas bouillir.

2 Enflammez le liquide à l'aide d'une longue chandelle ou d'une longue allumette.

3 Versez sur les aliments chauds (crêpes, plum-pudding, steaks ou autres) et arrosez-les à la cuillère jusqu'à ce que les flammes s'éteignent. À ce point, l'alcool s'est évaporé.

LE VINAIGRE

Le vinaigre, de « vin » et « aigre », est un assaisonnement polyvalent. Pour le fabriquer, on ajoute une bactérie à de l'alcool fermenté naturellement, soit du vin, du xérès ou du cidre, ce qui produit de l'acide acétique. Ce procédé obéit aujourd'hui à des normes de production strictes.

Couramment utilisé dans les salades, les cornichons, les conserves et les chutneys, le vinaigre relève la saveur des sauces ou attendrit les viandes en marinade. Les vinaigres aromatisés sont idéaux pour déglacer les jus de viandes riches comme le foie et le canard. Conservez le vinaigre dans un endroit sombre et frais, car il perd sa saveur avec le temps. Le degré d'acidité varie d'un vinaigre à un autre. En général, sa teneur en acide acétique correspond au degré d'alcool du vin qui sert à sa production. La plupart des vinaigres de vin contiennent de 5 à 6 % d'acide acétique.

LES VINAIGRES À BASE DE FINES HERBES

Utilisez un vinaigre de vin blanc, de vin rouge ou de cidre de bonne qualité. Pilez légèrement les fines herbes afin qu'elles dégagent leur arôme.

1 Déposez environ 2 c. à soupe de fines herbes fraîches légèrement pilées dans une bouteille ou un bocal stérilisé et résistant à la chaleur. Amenez environ 500 ml (2 tasses) de vinaigre à ébullition, jusqu'à la formation de bulles. Versez le vinaigre sur les fines herbes.

2 Scellez et entreposez dans un endroit frais et sombre pendant au moins 2 semaines. Tournez la bouteille à l'occasion.

3 Vous pouvez coller une tige de l'herbe fine utilisée sur la bouteille, à la fois pour l'identifier et la décorer. Passez le vinaigre parfumé à travers un filtre à café ou une étamine. Scellez la bouteille, étiquetez-la et rangez-la dans un endroit frais et sombre pendant un an.

GLOSSAIRE DES VINAIGRES

Vinaigre de vin Les vinaigres de vin, blanc ou rouge, contiennent environ 6 % d'acide acétique, ont un parfum agréable et ont un goût relevé sans être râpeux. Utilisez-les dans vos salades, vos marinades, vos conserves et vos sauces.

Vinaigre de xérès Vinaigre très apprécié fait de xérès espagnol, avec des notes de noix. Utilisez-le en vinaigrette, sur les légumes ou pour déglacer les fonds de foie de veau ou de volaille.

Vinaigres de framboise et d'autres fruits Vinaigres obtenus par macération de fruits dans du vinaigre de vin, puis filtrés. Ils donnent une saveur particulière aux vinaigrettes, au poulet, au canard, au foie et même aux salades de fruits.

Vinaigre de cidre Vinaigre fait de cidre de pommes, à saveur douce. Il convient très bien aux vinaigrettes pour salade de chou et autres légumes, ainsi qu'aux conserves et aux chutneys plus doux.

Vinaigre blanc (distillé) Vinaigre au goût âpre à base d'alcool éthylique très utilisé dans les conserves marinées et les chutneys.

Vinaigre de riz Vinaigre translucide à saveur aigre-douce. Courant dans les cuisines chinoise et japonaise. Ce vinaigre est délicieux dans les vinaigrettes, les trempettes, les pâtes et les conserves marinées.

Vinaigre balsamique Très populaire, ce vinaigre est fait à partir de jus de raisin blanc. Il est vieilli pendant des années en fûts de bois et devient brun foncé et sirupeux, avec une saveur aigre-douce. Il est excellent avec les légumes grillés, les salades ou même les fraises. Les meilleurs vinaigres vieillis de Modène, en Italie, peuvent avoir plus de 10 ans et coûter aussi cher qu'un vin de qualité.

Vinaigre de framboise   Vinaigre de xérès   Vinaigre de vin

Vinaigre balsamique   Vinaigre de cidre   Vinaigre de riz

LES BOUILLONS ET LES SAUCES

Les bouillons et les sauces sont le fondement
de beaucoup de bons mets. Le bouillon, un liquide
clair et savoureux, sert de base aux soupes, aux
sauces, aux ragoûts et aux pot-au-feu. Les Français
l'appellent souvent «fond», qui signifie base.
Les sauces sont des liquides épaissis utilisés pour
ajouter de la saveur, une certaine humidité,
une richesse et un attrait visuel à toutes sortes
de mets salés ou sucrés.

LES TYPES DE BOUILLON

Il y a quatre types de bouillon. Bien qu'ils réunissent des ingrédients semblables, ils ont chacun leurs propres caractéristiques. Les bouillons clairs ne sont pas vraiment clairs, mais pâles. Il s'agit d'os de bœuf, de veau ou de poulet bouillis dans l'eau, avec des légumes et des épices. Le bouillon clair a une saveur douce, mais riche. Pelez les oignons pour obtenir un bouillon très pâle.

Le *bouillon brun ou foncé* est à base d'os de bœuf, de veau, de poulet ou de gibier. Les os sont sautés et caramélisés au poêlon avant de bouillir dans de l'eau avec des légumes et des assaisonnements. Ce bouillon est à la fois riche et savoureux.

Le *fumet de poisson* diffère un peu des autres bouillons, car il cuit peu de temps, soit environ 25 minutes. On ne fait pas sauter les arêtes au préalable et on ajoute du vin et du citron, ce qui donne un bouillon très pâle à saveur prononcée. Les bouillons à base de crustacés se préparent comme les fumets de poisson. On peut aussi faire sauter les carcasses dans de l'huile avant de les faire bouillir, selon la recette.

Le *court-bouillon* se compose d'eau, de légumes et de vin. On le refroidit avant de l'utiliser. On y fait pocher des poissons ou des viandes délicates, tels les ris de veau.

LES INGRÉDIENTS DE BASE DU BOUILLON

Les ingrédients de base du bouillon sont des os, des légumes, des plantes aromatiques, des assaisonnements et de l'eau. Les os sont essentiels, car ils donnent sa saveur, sa richesse et sa couleur au bouillon. Il est de plus en plus difficile de trouver des os de bœuf ou de veau. Achetez-les quand l'occasion se présente et congelez-les jusqu'à ce que vous en ayez assez pour faire votre bouillon. Les bouillons de bœuf et de veau doivent mijoter de 6 à 8 heures, le bouillon de poulet, de 5 à 6 heures.

Pour les fumets de poisson, choisissez les arêtes de poissons blancs maigres comme la sole, l'espadon, le turbot et le merlan. Évitez les poissons à forte teneur en huile ou à saveur forte comme le saumon, l'éperlan, le thon ou le maquereau. Enlevez les gros morceaux de peau qui donnent un goût amer au bouillon. Réservez les bouillons à base d'os de dinde, d'agneau ou de jambon aux recettes qui utilisent ces ingrédients.

L'oignon, la carotte, le céleri, le poireau, les champignons et la tomate sont les ingrédients les plus courants des bouillons de légumes. Il n'y a pas lieu de les peler ; au contraire, la pelure d'oignon donne de la couleur au bouillon foncé. Évitez le chou, le brocoli, les poivrons, les navets et autres légumes à saveur particulière.

LES BOUILLONS CLAIRS :
LE BOUILLON DE VEAU CLAIR

Utilisez des os de veau, de bœuf ou de poulet, ou une combinaison des trois. Essayez de toujours inclure au moins un os de veau. Vous pouvez blanchir les os, si désiré. Couvrez-les d'eau froide et amenez à ébullition en retirant l'écume qui se forme à la surface. Égouttez et rincez les os, puis faites votre bouillon.

INGRÉDIENTS

2 à 2,5 kg (4 à 5 lb) d'os de veau en morceaux

2 gros oignons, nettoyés et coupés en quatre, avec la pelure

3 carottes, coupées en morceaux de 7,5 à 10 cm (3 à 4 po)

1 à 2 branches de céleri, coupées en morceaux

2 poireaux, lavés et coupés en morceaux de 7,5 à 10 cm (3 à 4 po)

1 ou 2 gousses d'ail

1 gros bouquet garni broyé (voir PAGE 10)

1 c. à soupe de grains de poivre noir

1 Blanchissez les os de veau selon les instructions ci-dessus. Mettez les os et les autres ingrédients dans une grande marmite. Recouvrez tous les ingrédients d'au moins 2,5 cm (1 po) d'eau froide.

2 Amenez à ébullition à feu moyen-vif. Une fois le liquide à ébullition, enlevez l'écume qui se forme à la surface. Réduisez à feu très doux et laissez mijoter environ 6 heures, en retirant l'écume à l'occasion. Le liquide devrait à peine mijoter.

3 À l'aide d'une louche, versez le bouillon dans une passoire doublée d'une étamine et placée au-dessus d'un grand bol. Laissez refroidir, puis réfrigérez.

4 Une fois le bouillon refroidi, enlevez le gras accumulé à la surface à l'aide d'une cuillère. Gardez le bouillon au réfrigérateur jusqu'à 5 jours ou congelez-le jusqu'à un an. Faites-le bouillir avant de l'intégrer à des recettes.

5 Pour faciliter le rangement, réduisez le bouillon de moitié à feu vif. Laissez refroidir, puis réfrigérez. Congelez le bouillon dans des bacs à glaçons, démoulez les cubes et mettez-les dans des sacs à congélation. Au moment d'utiliser le bouillon, ajoutez une quantité égale d'eau.

QUELQUES VARIANTES DE BOUILLONS

Bouillon de poulet Substituez environ 1,5 kg (3 lb) de cous et de dos de poulet à la moitié des os de veau, puis préparez comme le bouillon de veau clair. Laissez mijoter de 4 à 5 heures.

Bouillon de bœuf Substituez 1,5 kg (3 lb) d'os de bœuf à la moitié des os de veau, ou utilisez des os de bœuf à la place des os de veau.

Bouillon de poulet foncé Substituez environ 1,5 kg (3 lb) de cous et de dos de poulets à la moitié des os de veau et préparez comme le bouillon de veau clair, mais faites d'abord revenir la viande et les os. C'est ce qui donne au bouillon sa couleur riche.

Bouillon de légumes Utilisez divers légumes dans des proportions égales. Faites-les revenir, au goût, avant d'ajouter l'eau, pour accroître la saveur. Incorporez un peu de purée de tomate pour colorer le bouillon.

LES BOUILLONS FONCÉS : LE BOUILLON DE VEAU FONCÉ/LE BOUILLON DE BŒUF FONCÉ

Aux ingrédients du bouillon clair, ajoutez 2 tomates coupées en deux, et procédez comme suit : couper un troisième oignon en deux et faites-le brunir (voir l'étape 1).

Préchauffez le four à 230 °C (450 °F). Déposez les os dans une grande rôtissoire et faites-les rôtir 45 minutes ou jusqu'à ce qu'ils soient bien dorés. Tournez-les de temps à autre.

1 Ajoutez les légumes coupés, sauf les tomates. Faites dorer 20 minutes de plus. Pour une couleur plus foncée, faites caraméliser les moitiés d'un oignon en les tenant au-dessus du brûleur d'une cuisinière électrique ou au gaz.

2 Versez les os dorés et les légumes dans une grande marmite. Ajoutez l'oignon, les tomates, le bouquet garni et les assaisonnements. Placez la rôtissoire sur le feu d'une cuisinière. Retirez le gras, puis ajoutez 500 ml (2 tasses) d'eau et amenez à ébullition. Brassez pour déglacer.

3 Versez le contenu de la rôtissoire dans la marmite. Recouvrez les os avec de l'eau. Amenez à ébullition en retirant l'écume qui se forme à la surface. Procédez comme pour le bouillon de veau clair.

LE FUMET DE POISSON

Lavez bien les os de poisson avant de les utiliser. Ne les blanchissez pas, car ils perdraient de leur saveur. Faites d'abord sauter les os légèrement dans un peu d'huile ou de beurre afin de faire ressortir la saveur. Si vous préférez un bouillon sans gras, mettez tous les ingrédients dans la marmite, mais sans l'huile ni le beurre. Recouvrez le tout d'eau puis suivez la recette du bouillon foncé, à partir de l'étape 3.

1 Faites chauffer environ 1 c. à soupe d'huile ou de beurre à feu moyen dans une grande marmite. Ajoutez un oignon haché fin (ou 3 ou 4 échalotes). Faites cuire 3 à 4 minutes pour attendrir sans brunir. Ajoutez un poireau, une carotte, une branche de céleri et 125 g (1/2 tasse) de champignons hachés. Faites cuire 3 à 4 minutes de plus.

2 Ajoutez environ 750 g (1 1/2 lb) d'os de poisson coupés et mélangez bien. Faites cuire de 2 à 3 minutes, puis incorporez 250 ml (1 tasse) de vin blanc ou le jus de 1/2 citron et recouvrez d'eau froide. Ajoutez un bouquet garni et 1 c. à thé de grains de poivre.

3 Amenez à ébullition et retirez l'écume qui se forme à la surface. Réduisez le feu et laissez mijoter de 20 à 25 minutes. Filtrez le fumet comme pour le bouillon de veau. Laissez refroidir, puis réfrigérez.

LES SAUCES

Les sauces sont des liquides assaisonnés et épaissis. Elles doivent avoir une texture onctueuse et être savoureuses sans dominer les mets qu'elles accompagnent. Il y a plusieurs types de sauces, mais la plupart entrent dans deux catégories : les sauces *épaissies* et les sauces *émulsifiées*. Les autres varient du simple beurre fondu ou clarifié aux montages ou aux réductions subtils.

LES SAUCES ÉPAISSIES :

Un *roux* est une pâte cuite contenant des quantités égales de corps gras et de farine. C'est l'épaississant le plus courant des sauces blanches (*béchamels* et *veloutés*), et des sauces brunes. Faites cuire le roux à feu moyen avant d'ajouter le liquide, afin d'éliminer le goût de farine et d'éviter la formation de grumeaux. Un roux blanc cuit environ 1 minute ; un roux blond, de 2 à 3 minutes et un roux brun, souvent utilisé dans la cuisine créole ou cajun, 10 minutes ou plus pour prendre sa couleur foncée.

LES SAUCES ÉMULSIFIÉES :

Les sauces émulsifiées contiennent des ingrédients – souvent des œufs ou des jaunes d'œufs et des corps gras, soit du beurre ou de l'huile – qui nuisent à une suspension stable. En fouettant les ingrédients, on produit une émulsion qui forme une sauce lisse en suspension stable. Les sauces émulsifiées les plus connues sont la sauce *hollandaise*, une sauce chaude, et la *mayonnaise*, une sauce froide. La sauce *béarnaise* se prépare comme la sauce hollandaise, mais on l'assaisonne d'une réduction de vinaigre, d'échalotes et d'estragon qui lui donne sa saveur aigre-douce. Les sauces blanches à base de beurre, appréciées en nouvelle cuisine, ne contiennent pas de jaunes d'œufs, donc elles ont tendance à se séparer. La qualité de ces sauces découle directement de la qualité des œufs et des corps gras utilisés. Les sauces émulsifiées ont la réputation d'être difficiles à préparer, car elles se séparent ou forment des grumeaux facilement.

QUELQUES FAÇONS D'ÉPAISSIR LES SAUCES

Dans certains cas, il faut épaissir la sauce juste avant de la servir. On emploie pour ce faire la fécule de maïs, l'arrow-root et le beurre manié. Un mélange d'œuf et de crème peut aussi servir à épaissir et à enrichir une sauce au dernier moment.

COMMENT FAIRE UN ROUX :
Faites fondre le beurre ou l'huile à feu moyen dans une casserole à fond épais. Incorporez la farine en une seule fois et brassez jusqu'à homogénéité et formation de bulles. Faites cuire le roux de 1 à 10 minutes jusqu'à la couleur désirée. Remuez sans arrêt.

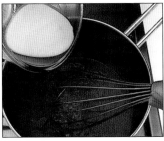

COMMENT ÉPAISSIR UNE SAUCE AVEC DE LA FÉCULE DE MAÏS, DE L'ARROW-ROOT OU DE LA FÉCULE DE POMME DE TERRE :
Délayez de 2 à 3 c. à thé de fécule dans 2 à 3 c. à thé d'eau froide ou de bouillon. Ajoutez graduellement la pâte obtenue au liquide bouillant. La sauce épaissit tout de suite. Les fécules conviennent pour épaissir les sautés à la chinoise et les sauces aux fruits.

COMMENT ÉPAISSIR UNE SAUCE AVEC DU BEURRE MANIÉ :
À la fourchette, battez en crème des quantités égales de beurre ramolli et de farine. Ajoutez en fouettant de petits morceaux de beurre manié dans la sauce bouillante, jusqu'à la consistance désirée. Il faut 2 c. à soupe de beurre manié pour épaissir environ 250 ml (1 tasse) de liquide. Le beurre manié rehaussera aussi la saveur et la texture de la sauce.

COMMENT ÉPAISSIR UNE SAUCE AVEC UN MÉLANGE D'ŒUF ET DE CRÈME :
Battez 1 jaune d'œuf avec 2 c. à soupe de crème épaisse. Amenez 500 ml (2 tasses) de liquide à ébullition. Incorporez un peu de liquide chaud dans le mélange d'œuf. Retirez la sauce du feu et ajoutez-y le mélange d'œuf en fouettant. Remettez la casserole sur le feu. Fouettez sans arrêt jusqu'à épaississement. La sauce ne doit pas bouillir à moins qu'elle contienne de la farine. Servez immédiatement, car cette sauce se réchauffe mal.

LA SAUCE BLANCHE OU BÉCHAMEL

Les sauces blanches sont très polyvalentes en raison de leur base neutre. On s'en sert pour lier les soufflés, les croquettes, les soupes, les mets aux œufs, les mets gratinés, et pour enrober des aliments. Elles doivent avoir une texture lisse et riche ainsi que la consistance de la crème. Elle doivent goûter le lait, sans arrière-goût de farine. La sauce blanche simple ou béchamel contient du beurre, de la farine et du lait. On infuse parfois le lait avec un oignon piqué de clous de girofle avant la cuisson. On peut aussi faire sauter des oignons émincés dans le beurre avant d'ajouter la farine.

INGRÉDIENTS

250 ml (1 tasse) de lait
1 oignon, coupé en deux et piqué de
   4 clous de girofle (facultatif)
1 feuille de laurier
1 1/2 c. à soupe de beurre
1 1/2 c. à soupe de farine
Pincée de muscade râpée
Sel et poivre blanc

Pour une sauce blanche ou béchamel légère (pour épaissir les soupes et les sauces), utilisez 1 c. à soupe de farine par 250 ml (1 tasse) de lait. Pour une sauce blanche ou béchamel épaisse (pour lier les soufflés, etc.), utilisez 2 c. à soupe de beurre et 2 c. à soupe de farine par 250 ml (1 tasse) de lait.

1 (Pour une sauce blanche neutre, omettez cette étape.) Mettez le lait dans une casserole avec l'oignon piqué de clous de girofle, les grains de poivre et la feuille de laurier. Amenez à ébullition en remuant de temps à autre afin d'éviter que le mélange colle au fond. Retirez du feu. Couvrez et laissez infuser pendant 15 minutes.

2 Faites fondre le beurre à feu moyen-vif dans une casserole. Ajoutez la farine et fouettez pendant environ 1 minute jusqu'à la formation de bulles.

3 Versez le lait graduellement dans le roux et ramenez à ébullition. Fouettez constamment pendant 1 minute, jusqu'à épaississement. Assaisonnez de muscade, de sel et de poivre. Laissez mijoter de 5 à 10 minutes. Servez immédiatement.

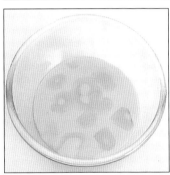

4 Si vous devez attendre, passez la sauce ou versez-la dans un bol. Parsemez la surface de quelques morceaux de beurre. Le beurre fondu préviendra la formation d'une peau. Vous pouvez aussi mettre une pellicule plastique directement sur la surface.

LE BEURRE CLARIFIÉ

Le beurre clarifié est un beurre dont on a séparé le lactose des matières grasses pures. On s'en sert comme sauce simple, pour la friture ou pour stabiliser des sauces comme la hollandaise et la béarnaise.

1 Mettez le beurre dans une petite casserole et faites-le fondre à feu doux. Ne le laissez pas bouillir.

2 Retirez la casserole du feu et inclinez-la légèrement. À l'aide d'une cuillère plate, enlevez la mousse qui s'est formée à la surface. Versez le beurre dans un petit bol. Éliminez les matières sèches du lait. Refroidissez si la recette le demande.

LE VELOUTÉ

Le velouté a souvent comme base des liquides de cuisson, par exemple de volaille et de poisson pochés ou d'une blanquette de veau. D'autres liquides ajoutés au roux en début de la cuisson permettent d'obtenir une sauce plutôt claire. Laissez mijoter de 15 à 60 minutes pour épaissir la sauce et rehausser sa saveur. Cette cuisson prolongée lui donnera sa consistance veloutée. Remuez fréquemment afin d'éviter que la sauce brûle et écrémez de temps à autre.

INGRÉDIENTS

375 ml (1 1/2 tasse) de bouillon de
   veau, de poulet ou de poisson, clair
1 1/2 c. à soupe de beurre
1 1/2 c. à soupe de farine
2 à 3 c. à soupe de crème épaisse ou
   de crème fraîche (facultatif)
1/2 c. à thé de jus de citron
Sel et poivre blanc

1 Faites fondre le beurre à feu moyen dans une casserole à fond épais. Ajoutez la farine en fouettant jusqu'à ce que ce soit homogène et mousseux. Faites cuire de 2 à 3 minutes en remuant constamment jusqu'à l'obtention d'une couleur dorée. Retirez du feu et laissez refroidir un peu.

2 Ajoutez le bouillon au roux en fouettant. Remettez la casserole sur le feu. Amenez à ébullition tout en fouettant jusqu'à épaississement. Laissez mijoter de 30 à 60 minutes, en remuant souvent. Écrémez de temps à autre. Ajoutez la crème, si désiré. Assaisonnez avec le jus de citron, du sel et du poivre, puis ramenez à ébullition.

LES SAUCES BRUNES

La sauce brune la plus connue, l'espagnole, se prépare avec un bouillon foncé et un roux brun. Elle a une saveur robuste, mais raffinée. Sa préparation demande du temps et de l'habileté, car le roux brun peut facilement brûler ou se séparer lors de la cuisson. L'ajout de jambon fin (espagnol, au départ) intensifie la saveur de la sauce, et la purée de tomates lui donne sa couleur brun glacé. On peut la servir telle quelle, même si elle est à la base de diverses sauces françaises, comme la demi-glace, la sauce Robert et la sauce madère.
De nos jours, plusieurs chefs utilisent un épaississant en fin de cuisson comme l'arrow-root ou la fécule de pomme de terre, d'où une sauce plus pâle.

1 Pour faire une sauce brune de base, amenez 375 ml (1 1/2 tasse) de bouillon foncé à ébullition sur feu moyen-vif. Faites-le réduire aux deux tiers. Dans une petite tasse, diluez de 1 à 2 c. à thé d'arrow-root ou de fécule de pomme de terre dans 2 c. à soupe d'eau froide ou de madère. (La quantité de fécule varie selon l'épaisseur désirée. Incorporez la moitié pour commencer, puis ajoutez-en au besoin.)

2 Ajoutez le mélange de fécule au bouillon, en remuant. La sauce va épaissir immédiatement. Vous pouvez incorporer en remuant 1/2 c. à thé de purée de tomates pour donner de la couleur. Laissez mijoter 2 minutes. Salez et poivrez, si nécessaire.

LA SAUCE HOLLANDAISE CLASSIQUE

INGRÉDIENTS

3 jaunes d'œufs
3 c. à soupe d'eau
sel et cayenne, ou poivre blanc
185 g (3/4 de tasse) de beurre doux,
   clarifié
1 à 2 c. à thé de jus de citron

1 Dans une casserole épaisse (pas d'aluminium), fouettez les jaunes d'œufs, l'eau, le sel et le poivre. Mélangez bien.

2 Chauffez la casserole à feu doux. Fouettez vigoureusement sans arrêt jusqu'à ce que le mélange soit épais et onctueux, et qu'il laisse une trace visible dans la casserole. (Retirez la casserole du feu de temps à autre afin d'éviter de trop cuire ou de faire coaguler les jaunes d'œufs.)

3 Retirez du feu. Ajoutez goutte à goutte le beurre clarifié, en fouettant constamment. À mesure que la sauce épaissit et qu'elle absorbe le beurre, incorporez ce dernier en un filet mince jusqu'à ce qu'il soit entièrement absorbé. Laissez les matières sèches du lait de côté. Salez et poivrez au besoin.

Il est possible de préparer les sauces hollandaise et béarnaise au mélangeur ou au robot culinaire. Dans ce cas, on ne fait pas chauffer les jaunes d'œufs, mais le beurre clarifié doit être près du point d'ébullition.

1 Mettez les œufs, l'eau, le sel et le poivre dans le mélangeur ou le robot culinaire. Mélangez 10 secondes, jusqu'à consistance légère et mousseuse.

2 Avec l'appareil en marche, ajoutez le beurre bouillant lentement, goutte à goutte, par le goulot. La sauce doit épaissir et absorber le beurre. Versez ensuite le beurre en un filet très mince jusqu'à ce que le tout soit bien incorporé. (Laissez les matières sèches du lait de côté.) Assaisonnez selon l'étape 3 de la recette de sauce hollandaise.

LA MARINADE MÉDITERRANÉENNE

INGRÉDIENTS

500 ml (2 tasses) d'huile d'olive
250 ml (1 tasse) de jus de citron frais
175 ml (2/3 tasse) de vinaigre de vin
    rouge
3 c. à soupe d'origan haché
2 c. à soupe d'ail émincé
1 c. à thé de sel
1 c. à thé de poivre noir

Mélangez tous les ingrédients, sauf l'huile, dans un robot culinaire, jusqu'à consistance crémeuse. Ajoutez l'huile lentement tout en mélangeant. Couvrez et réfrigérez jusqu'au moment de servir.

Utilisez comme marinade pour la volaille, la viande ou les fruits de mer. Réservez-en une petite quantité pour badigeonner durant la cuisson.

LA SAUCE BÉARNAISE

Préparez la béarnaise comme une sauce hollandaise. Toutefois, faites réduire les liquides à 1 c. à soupe environ avant d'ajouter les jaunes d'œufs et le beurre. Retirez du feu de temps à autre lorsque vous fouettez les jaunes d'œufs (étape 2), afin d'éviter de trop cuire ou de faire coaguler les jaunes d'œufs.)

INGRÉDIENTS

3 c. à soupe de vinaigre de vin blanc
3 c. à soupe de vin blanc sec
10 grains de poivre, légèrement écrasés
2 à 3 échalotes, ciselées
2 c. à soupe d'estragon frais haché
1 c. à soupe d'eau
3 jaunes d'œufs
175 g (3/4 de tasse) de beurre doux clarifié
Sel et poivre blanc

1 Mettez le vinaigre, le vin, les grains de poivre, les échalotes et 1 c. à soupe d'estragon haché dans une petite casserole à fond épais. Amenez à ébullition à feu moyen-vif et réduisez le liquide à 1 c. à soupe. Retirez du feu et ajoutez 1 c. à soupe d'eau.

2 Incorporez les jaunes d'œufs, du sel et du poivre en fouettant. Remettez sur un feu doux et fouettez vigoureusement et constamment jusqu'à consistance épaisse et onctueuse. La sauce doit laisser une trace dans le fond de la casserole.

3 Retirez du feu. Ajoutez en fouettant le beurre clarifié, goutte à goutte. À mesure que la sauce épaissit et qu'elle absorbe le beurre, versez le beurre en un mince filet. (Laissez les matières sèches du lait de côté.)

4 Si les jaunes d'œufs devaient coaguler, passez la sauce au tamis dans un bol. Incorporez le reste de l'estragon et assaisonnez au goût.

LE BEURRE BLANC
ET LE BEURRE BLANC AU VIN

Ces sauces à la mode, riches et délicieuses sont plus instables que les émulsions traditionnelles parce qu'elles ne contiennent pas de jaunes d'œufs. Elles consistent à la base d'une réduction de vin, de vinaigre, de bouillon ou de jus de cuisson. Pour éviter la séparation, utilisez un beurre très froid qui ne fondra pas avant son incorporation dans le mélange. En attendant de maîtriser cette technique, vous pouvez « tricher ». Ajoutez 1 c. à soupe de crème épaisse ou 1 c. à thé de fécule de maïs à la réduction afin de faire tenir l'émulsion et de stabiliser la sauce.

INGRÉDIENTS

3 c. à soupe de vin blanc sec
3 c. à soupe de vinaigre de vin blanc
2 échalotes finement émincées
1 c. à soupe de crème épaisse ou de crème fraîche (facultatif)
250 g (1 tasse) de beurre doux très froid, en petits cubes
Sel et poivre blanc

1 Amenez le vin, le vinaigre et les échalotes à ébullition dans une petite casserole à fond épais (pas d'aluminium). Réduisez le liquide à environ 1 c. à soupe. Si vous utilisez la crème, incorporez-la et faites réduire de nouveau.

2 Ajoutez le beurre, un cube à la fois, en fouettant au-dessus d'un feu moyen-vif jusqu'à l'obtention d'une sauce lisse et onctueuse.

3 Continuez d'incorporer le beurre, 2 ou 3 cubes à la fois. Fouettez constamment à feu vif jusqu'au début de l'ébullition. Ajoutez tout le beurre ainsi. Assaisonnez au goût, puis passez, si désiré.

LA MAYONNAISE

Cette délicieuse sauce convient surtout aux salades, aux sandwichs ou comme ingrédient d'autres sauces. Elle varie selon l'huile, les fines herbes et les assaisonnements utilisés. On peut la faire au mélangeur, au robot culinaire ou au batteur électrique. Assurez-vous que tous vos ingrédients sont à la température de la pièce. Si la mayonnaise est montée à la main, mettez un linge sous le bol afin d'éviter qu'il glisse.

INGRÉDIENTS

2 jaunes d'œufs
2 c. à soupe de jus de citron ou de vinaigre de vin blanc
1 à 2 c. à soupe de moutarde de Dijon (facultatif)
Sel et cayenne ou poivre blanc
375 ml (1 1/2 tasse) d'huile d'olive ou d'huile végétale, ou la moitié de chacune

1 Mettez les jaunes d'œufs, la moitié du jus de citron ou du vinaigre, la moutarde, le sel et le cayenne ou le poivre dans un bol. Battez à l'aide d'un fouet en métal ou d'un batteur électrique pendant 1 minute, jusqu'à consistance crémeuse. Ajoutez graduellement l'huile, goutte à goutte, en fouettant toujours.

2 À mesure que le mélange épaissit, versez l'huile en un filet, mais de façon régulière, jusqu'à son incorporation complète. Ajoutez le jus de citron ou le vinaigre restant en fouettant. Assaisonnez au besoin. (Si la sauce se sépare, ajoutez un jaune d'œuf en fouettant ou 1 c. à soupe de moutarde de Dijon jusqu'à une nouvelle émulsion.)

LA VINAIGRETTE

La vinaigrette est une émulsion instable d'huile, de vinaigre, de moutarde de Dijon et d'assaisonnements. Une émulsion se produit lorsqu'on fouette vigoureusement le mélange, car la moutarde aide à émulsifier l'huile et le vinaigre. Par contre, la vinaigrette se sépare une fois au repos ou si on la verse sur de la laitue ou des légumes. Le rapport habituel est de 3 parties d'huile pour 1 partie de vinaigre, ce qui peut varier selon l'intensité de la moutarde et du vinaigre. Ajustez donc au goût. Ajoutez aussi des fines herbes, de l'ail et un peu d'échalote hachée, si désiré.

1 Mettez 2 c. à soupe de vinaigre de vin blanc ou de vin rouge, ou de jus de citron, dans un petit bol. Fouettez-y 1 c. à soupe de moutarde de Dijon, puis du sel et du poivre, au goût.

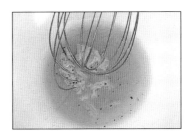

2 Incorporez graduellement en fouettant de 6 à 8 c. à soupe d'huile de votre choix. L'huile d'olive peut être trop relevée à elle seule. Au besoin, mélangez-la à une huile végétale de bonne qualité.

RAPPEL

La mayonnaise ainsi que les sauces hollandaise et béarnaise faites dans un mélangeur contiennent un jaune d'œuf non cuit pouvant contenir la salmonelle. Les femmes enceintes, les enfants et les personnes âgées devraient éviter de manger des œufs peu cuits ou crus.

LES PRODUITS LAITIERS ET LES ŒUFS

Les produits laitiers et les œufs sont au cœur de la cuisine occidentale. On s'en sert comme aliments, mais aussi comme ingrédients dans les soupes, les sauces, les flans, les puddings, la pâte, les gâteaux, les crèmes glacées, les garnitures, les mousses et de nombreux desserts. Ils sont nutritifs et jouissent d'une grande popularité.

LES PRODUITS LAITIERS

LE LAIT

La plupart des laits et des produits laitiers consommés aux États-Unis proviennent du lait de vache. Les laits de chèvre, de brebis et de bison ont des amateurs dans bon nombre de pays. Le lait est un aliment essentiel et même, le premier aliment de l'être humain. Le lait maternel constitue un régime alimentaire complet. Le lait de vache contient de nombreux nutriments, des vitamines et du calcium. On aime le boire, nature ou parfumé. De plus, il confère texture, saveur, couleur et nutriments à de nombreux mets cuisinés ou préparés.

En général, le lait subit une *pasteurisation* qui en élimine les bactéries dangereuses et favorise sa conservation. Pour ce faire, on le chauffe à 72 °C (161 °F) et on le maintient à cette température pendant 15 secondes. Le lait ultrapasteurisé est chauffé à 135 °C (275 °F) de 2 à 4 secondes. Ce procédé tue les bactéries et augmente de beaucoup la durée de conservation. Le procédé UHT, qui pasteurise le lait à une *chaleur extrême* de 138-150 °C (280-300 °F), de 2 à 6 secondes, produit un lait qui se conserve sans réfrigération jusqu'à 3 mois. Par contre, après ouverture, il faut traiter ce lait comme le lait frais et le réfrigérer. (Le lait et la crème brûlent facilement lors de la cuisson. Par prévention, rincez d'abord la casserole avec de l'eau, puis chauffez lentement en remuant de temps à autre.)

LA CRÈME

La *crème* est la partie grasse du lait frais qui monte à la surface en une couche épaisse lorsque le lait est au repos. Aujourd'hui, on extrait la crème à l'aide de centrifugeuses. Son pourcentage élevé en matières grasses lui confère un riche goût de beurre et une texture veloutée. On l'utilise pour enrichir soupes et sauces, et pour donner du corps aux puddings, aux flans et aux mousses. La crème donne aux pâtisseries un caractère riche et moelleux. La crème sert de sauce et entre dans la fabrication de glaces ou autres desserts surgelés.

La *crème riche* retient sa forme lorsqu'on la fouette, vu sa forte teneur en gras. La crème fouettée sert à décorer. On peut l'ajouter aux mousses et aux parfaits pour obtenir d'autres crèmes ou garnitures. On peut surgeler la crème fouettée, puis la décongeler avant de la servir.

GLOSSAIRE DU LAIT

Le lait entier contient au moins 3,5 % de matières grasses du lait.

Le lait à faible teneur en matières grasses contient entre 0,5 et 2 % de matière grasse du lait. On l'appelle aussi lait à 1 %. Il gagne en popularité compte tenu de sa faible teneur en calories et en gras.

Le lait écrémé ne contient pas de gras ou moins de 0,5 %. La plupart des laits écrémés contiennent des suppléments de vitamines A et D.

Le lait à l'acidophile est un lait de culture fait de lait écrémé ou de lait à faible teneur en matières grasses. Il favorise l'équilibre de la flore intestinale.

Le lait concentré est un lait entier duquel on a retiré 60 % d'eau. Il est mis en conserve puis stérilisé. Il est aussi offert en version allégée, soit à 2 % de matières grasses ou écrémé. Vous pouvez le reconstituer pour cuisiner ou pour boire en y ajoutant une quantité égale d'eau.

Le lait concentré sucré est semblable au lait concentré, mais il ne subit pas de traitement à la chaleur. La version sucrée contient entre 40 et 45 % de sucre. On l'utilise pour la confection de friandises et de desserts.

Le lait en poudre écrémé est un produit du lait entièrement déshydraté. Il suffit d'ajouter de l'eau tiède pour le réhydrater. On peut réhydrater le lait en poudre instantané avec de l'eau froide et le conserver longtemps. (Il se vend aussi en version entière.) On peut substituer le lait en poudre au lait dans la plupart des recettes. D'ailleurs, on s'en sert souvent pour faire du pain.

L'homogénéisation est un procédé qui répartit également les globules de gras dans le lait. Bien que la plupart des laits soient homogénéisés, certaines laiteries vendent des produits non homogénéisés.

GLOSSAIRE DES CRÈMES

La plupart des crèmes sont pasteurisées. Seul le mélange de lait et de crème est homogénéisé pour prévenir la séparation du lait et de la crème. Préférez la crème non *ultrapasteurisée*. Le *mélange de lait et de crème* contient de 10,5 à 18 % de matières grasses. Vous ne pouvez pas le fouetter, mais il remplace les crèmes plus riches dans les soupes, les sauces, le café et les céréales. La *crème à café* contient entre 30 et 36 % de matières grasses. Elle peut épaissir et enrichir les sauces. Fouettée, elle confère légèreté et saveur aux desserts ou aux mousses. La *crème riche* contient au moins 36 % de matières grasses du lait. Elle monte rapidement et garde sa forme plus longtemps.

Toutes les crèmes, sauf les crèmes ultrapasteurisées (c'est-à-dire chauffées à 150 °C /300 °F, puis refroidies) sont périssables. Conservez-les à l'endroit le plus froid du réfrigérateur.

1 Versez la crème riche dans un bol refroidi. À l'aide d'un fouet en métal ou d'un mélangeur électrique, battez la crème jusqu'à ce qu'elle forme des pics légers.

2 Pour une crème fouettée plus ferme, continuez de battre jusqu'à la formation de pics fermes. La crème doit garder la trace des batteurs. Ne battez pas trop, car la crème pourrait se séparer, devenir granuleuse et se transformer en beurre.

LES PRODUITS LAITIERS DE CULTURE

Les produits laitiers de culture font partie des traditions culinaires de bon nombre de pays quant à la préservation du lait. L'ajout de bactéries au lait ou à la crème leur donne du corps et une saveur acidulée.

DIVERS PRODUITS LAITIERS DE CULTURE

Babeurre Au départ, le babeurre provenait du liquide résiduel du lait baratté en beurre. Aujourd'hui, on le fabrique en ajoutant des cultures bactériennes au lait frais, pasteurisé, écrémé ou faible en gras. Cela donne un produit à saveur acidulée, crémeux et lisse, à boire ou à incorporer aux soupes, aux crêpes, aux biscuits, aux gâteaux et aux pains éclair.

Crème sure La crème sure résulte de l'ajout de cultures bactériennes à de la crème légère pasteurisée et homogénéisée. Son goût à la fois délicat et acidulé est très populaire dans la cuisine d'Europe de l'Est. On la vend en version allégée. Elle se sépare si on la fait bouillir. Donc, il ne faut l'ajouter aux sauces qu'à la toute fin et réchauffer doucement juste avant de servir.

Yaourt Depuis des siècles, le yaourt est un aliment de base au Moyen-Orient, à l'est de la Méditerranée et en Inde. Il a une consistance épaisse, mais crémeuse et relevée. Le yaourt de type grec, à base de lait de brebis, est très apprécié en Grande-Bretagne et au Moyen-Orient. Comme la crème sure, le yaourt coagule si on le fait bouillir. Procédez comme pour la crème sure.

Cottage Le cottage est un fromage non affiné. Au cours des siècles, les fermiers européens préparaient ce fromage chez eux, dans leur *cottage*, leur maison à un étage. Ils utilisaient le liquide restant après l'écrémage pour faire du beurre. C'est d'ailleurs le premier fromage produit en Amérique du Nord. De nos jours, on ajoute des cultures bactériennes à certains laits écrémés pasteurisés ou à du lait en poudre non gras reconstitué. De l'acide lactique se développe alors, qui fait coaguler la protéine et permet au lait de cailler. Une autre méthode consiste à utiliser des acidulants ou l'enzyme rennine pour entraîner la coagulation.

COMMENT CUISINER AVEC DU YAOURT ET DE LA CRÈME SURE (AIGRE)

Vous pouvez ajouter du yaourt et de la crème sure (aigre) aux soupes, aux sauces et aux ragoûts, avec prudence toutefois.

1 Retirez le liquide bouillant du feu. Ajoutez de petites quantité de crème sure ou de yaourt en fouettant. Si la sauce refroidit trop, remettez-la sur le feu sans la faire mijoter ni bouillir.

2 Pour stabiliser le yaourt ou la crème sure, ajoutez-y 2 c. à thé de fécule de maïs par 250 g (1 tasse) avant de l'incorporer à la sauce. Faites mijoter, mais pas bouillir, sinon le mélange va coaguler.

COMMENT CUISINER AVEC DE LA CRÈME FRAÎCHE

À l'origine, la crème fraîche était une crème non pasteurisée qu'on laissait surir naturellement afin d'obtenir un léger goût de noisette. Aujourd'hui, dans le commerce, on ajoute à de la crème pasteurisée des cultures bactériennes pour remplacer celles que la pasteurisation a détruites. La crème fraîche peut contenir jusqu'à 60 % de gras, mais elle existe en version allégée. Vous pouvez en faire à la maison (voir ci-dessous).

1 Mélangez 500 ml (2 tasses) de crème épaisse (de préférence non ultrapasteurisée) et 250 ml (1 tasse) de babeurre ou de crème sure. Chauffez à 30 °C (85 °F).

2 Versez dans un contenant et couvrez légèrement. Laissez reposer dans un endroit chaud de 6 à 8 heures, jusqu'à ce que la crème épaississe et prenne une saveur de noisette. Brassez, couvrez puis réfrigérez. Réservez 250 ml (1 tasse) du mélange comme base de votre prochaine préparation de crème fraîche.

LE BEURRE ET LA MARGARINE

Le *beurre* est un gras solide provenant du barattage de la crème. Il contient 80 % de matières grasses et 20 % d'eau et de petit-lait (solides du lait ou protéines), résidu du procédé de séparation. Jadis, on ajoutait du sel au beurre pour le conserver. Aujourd'hui, on en ajoute pour lui donner de la saveur. Le beurre apporte une saveur et une richesse indispensables aux gâteaux, aux pâtisseries, aux biscuits à la levure, aux biscuits et aux sauces. Il épaissit et enrichit soupes, ragoûts, casseroles et sauces. Le beurre est à la base de plusieurs sauces classiques, notamment la hollandaise, la béarnaise et le beurre blanc. Les beurres assaisonnés se préparent facilement à l'avance. On s'en sert pour garnir les viandes cuites sur le gril, la volaille, le poisson ou les légumes. Le beurre donne de la saveur et une belle apparence aux aliments frits ou sautés.

Un chimiste français a conçu la *margarine* en 1869. Les Américains s'y sont opposés farouchement jusqu'à la Seconde Guerre mondiale. Par contre, ils consomment aujourd'hui trois fois plus de margarine que de beurre. La margarine est faite d'huiles végétales, d'assaisonnements, de colorants, d'émulsifiants, d'agents de conservation et de vitamines. Elle contient 80 % de matières grasses et 20 % d'eau, et peut remplacer le beurre dans presque toutes les recettes, quoique le beurre donne de meilleurs résultats dans certaines pâtisseries ou certains bonbons. Évitez de remplacer le beurre par des margarines ramollies, allégées ou fouettées, car elles contiennent jusqu'à 50 % d'eau ou d'air.

COMMENT CUISINER AVEC DU BEURRE

Lorsque le beurre fond dans un poêlon, le gras se sépare de l'eau et du petit-lait. S'il cuit à feu vif ou pendant une longue période, les particules du petit-lait brûlent. Clarifier le beurre permet d'en retirer le gras. Le beurre clarifié sert à la friture ou à sauter des aliments à de hautes températures sans brûler. Utilisez du beurre clarifié dans la sauce hollandaise ou comme trempette pour les crustacés, les asperges et les artichauts cuits sur le gril.

Si vous voulez un *beurre brun* pour le poisson ou les légumes, faites chauffer lentement 125 g (1/2 tasse) de beurre dans un poêlon épais jusqu'à ce qu'il soit doré et mousseux et qu'il dégage un fort arôme de noisette. Retirez du feu, ajoutez 1 à 2 c. à soupe de jus de citron et 1 c. à soupe de persil frais haché, au goût. Versez-le sur les aliments alors qu'il mousse encore. Le beurre noir cuit plus longtemps jusqu'à prendre une couleur brun foncé. Ajoutez les ingrédients, puis servez.

COMMENT PRÉPARER ET UTILISER LE BEURRE MANIÉ

Le beurre manié est une pâte faite de quantités égales de beurre et de farine. On l'utilise à la fin de la cuisson pour épaissir les sauces, enrichir leur consistance et en rehausser la saveur.

LES BEURRES ASSAISONNÉS

Les beurres assaisonnés se préparent à l'avance. On peut aussi les congeler et les utiliser directement du congélateur. Faites ramollir 125 g (1/2 tasse) de beurre, puis assaisonnez-le comme suit :

Beurre persillé Ajoutez 1 c. à soupe de jus de citron ou de limette et 2 c. à soupe de persil haché. Salez et poivrer. Servez avec la viande, le poisson, la volaille ou les légumes.

Beurre aux fines herbes Procédez comme pour le beurre persillé, mais remplacez le persil par de l'estragon, de la ciboulette ou de la coriandre. Servez avec la viande, le poisson, la volaille et les légumes, ou dans les soupes et les sauces.

Beurre à la moutarde Ajoutez 1 c. à soupe de moutarde de Dijon ou de moutarde brune forte. Servez avec du porc ou de l'agneau cuit sur le gril ou dans des sandwichs.

Beurre à l'ail Ajoutez 1 ou 2 gousses d'ail écrasées. Utilisez dans la cuisson ou pour faire du pain à l'ail.

Beurre à l'anchois Ajoutez 2 c. à soupe de filets d'anchois en purée, 1 c. à soupe de jus de citron et du poivre noir fraîchement moulu. Utilisez sur du bœuf cuit sur le gril, de l'agneau, du poisson, ou tartinez-en des canapés ou des sandwichs.

Beurre sucré à l'orange Ajoutez 1 c. à soupe de sucre glace et 1 c. à soupe de zeste et de jus d'orange. Incorporez 1 c. à soupe de liqueur d'orange, au goût. Utilisez avec les desserts ou les muffins chauds, les crêpes et les pains éclair.

Beurre au miel Ajoutez 2 à 3 c. à soupe de miel. Tartinez-en du pain, des crêpes, des gaufres et des pains éclair.

Beurre à la cannelle Ajoutez 2 à 3 c. à soupe de sucre glace et 1/2 c. à thé de cannelle. Servez comme le beurre au miel.

Mettez le beurre ramolli dans un bol, puis battez-le en crème à l'aide d'une cuillère de bois ou d'un batteur à main. Ajoutez les assaisonnements, puis mélangez bien.

FROMAGE

Le fromage est l'un des aliments les plus anciens et les plus répandus. D'abord un aliment de base, il entre dans la confection de nombreux mets. Pour le produire, on ajoute à du lait entier, allégé ou écrémé, préalablement chauffé, une enzyme qui entraîne la coagulation, donc la séparation des grains du petit-lait. Les grains comprimés en blocs donnent divers fromages. Le petit-lait sert à fabriquer d'autres types de fromages, comme le ricotta et le cottage. La plupart des fromages ont une forte teneur en gras, en protéines, en calcium et en autres minéraux et vitamines ; par contre, ils contiennent beaucoup de gras et de sel.

COMMENT CUISINER AVEC LE FROMAGE

Le fromage a quatre principaux usages: on s'en sert comme assaisonnement, dans les garnitures, les farces et les desserts. Vu sa forte teneur en gras, il peut se séparer à température élevée et devenir huileux et filant. Pour ajouter du fromage à une sauce, retirez la sauce du feu, puis incorporez le fromage en brassant jusqu'à ce qu'il soit fondu.

Assaisonnement Utilisez les fromages à pâte dure vieillis qui ont une teneur élevée en gras et un goût relevé. Le parmesan vieilli rehausse le goût des pâtes, des risottos et des soupes. Le gruyère convient bien aux soufflés, aux gratins, aux pâtisseries et aux sauces. Le cheddar affiné peut remplacer le gruyère ou le bleu dans les salades, les soupes et les sauces.

Farces On utilise beaucoup de fromages comme farces, ou comme ingrédients de farce, pour leur saveur et leur corps. Le ricotta agrémente les lasagnes et la feta, les spanikopitas. On farcit des pâtes en forme de coquilles géantes de ricotta et de gorgonzola. On fait souvent cuire des fromages entiers, par exemple le brie en croûte ou pané. Le fromage est l'ingrédient vedette des quiches et des tartelettes.

Garnitures Les fromages à pâte molle ou à la crème fondent rapidement et dorent bien. La mozarella garnit les pizzas et d'autres mets cuits au four, quoique du brie ou du bel paese conviennent aussi. Le gruyère râpé est de mise sur la soupe à l'oignon, comme le cheddar sur le toast au fromage. On peut faire griller du fromage de chèvre sur les salades ou le pain, ou l'utiliser sur les pizzas.

Desserts Les recettes de desserts utilisent des fromages doux à pâte molle, par exemple, le fromage à la crème pour les gâteaux au fromage classiques, les cœurs à la crème, la cassata et le pashka et le mascarpone.

LE MACARONI AU FROMAGE AVEC BACON

Du bacon vient rehausser la saveur de cette sauce au fromage classique, mais le mets est tout aussi délicieux sans bacon.

INGRÉDIENTS
(Donne 4 portions)

4 tranches de bacon coupées en travers
45 à 60 g (3 à 4 c. à soupe) de beurre
    ou de margarine
185 g (3/4 de tasse) de chapelure
1 oignon émincé
1 c. à soupe de farine
1 c. à thé de moutarde sèche
375 ml (1 1/2 tasse) de lait
1/2 c. à thé de sel
Pincée de poivre de Cayenne
500 g (2 tasses) de cheddar râpé
500 g (2 tasses) de macaronis en coudes

1 Faites cuire le bacon dans un petit poêlon à feu moyen-vif. Remuez-le légèrement jusqu'à ce qu'il soit doré et croustillant. À l'aide d'une cuillère à égoutter, transférez-le dans une assiette. Réservez.

2 Ajoutez 1 à 2 c. à soupe de beurre et la chapelure au gras de bacon. Brassez pour bien enrober et faites dorer environ 1 minute. Réservez.

3 Préchauffez le four à 180 °C (350 °F). Faites fondre le reste du beurre dans une casserole. Ajoutez l'oignon et laissez-le s'attendrir. Incorporez la farine et la moutarde sèche. Faites cuire 2 minutes jusqu'à la formation d'un roux lisse.

4 Versez graduellement le lait dans la casserole et amenez à ébullition à feu moyen. Brassez sans arrêt jusqu'à ce que le mélange épaississe et prenne une texture lisse. Assaisonnez de sel et de poivre de Cayenne, retirez du feu et ajoutez le fromage.

5 Faites cuire les pâtes dans une grosse marmite d'eau bouillante salée. Égouttez-les et remettez-les dans la marmite. Incorporez la sauce au fromage et le bacon. Versez dans un plat de cuisson, saupoudrez de chapelure et faites cuire au four 30 minutes ou jusqu'à ce que le dessus soit doré.

LES ŒUFS

L'œuf est l'aliment le plus nutritif et le plus polyvalent qui soit. On le mange seul ou on l'intègre à toutes sortes de mets, des soupes jusqu'aux desserts. Les œufs donnent de la texture, de la structure, de la saveur et de l'humidité en plus d'être nutritifs. Qu'ils soient bruns ou blancs n'a aucun effet sur leur qualité ou leur goût. Cela dépend uniquement de la race des poules qui les pondent.

LA CONSERVATION DES ŒUFS

Conservez les œufs au réfrigérateur dans leur boîte afin de préserver leur fraîcheur et d'éviter qu'ils absorbent l'odeur d'autres aliments par leurs coquilles poreuses. Choisissez les œufs les plus frais pour pocher ou cuire au four, car ils retiennent mieux leur forme. Pour battre des blancs en neige, préférez les œufs plus âgés, qui gonflent mieux.

COMMENT CUISINER AVEC LES ŒUFS

La taille des œufs varie de petits à extra-gros. Cependant, la plupart des recettes demandent de gros œufs. Même si vous devez conserver les œufs au réfrigérateur, il est bon de les laisser revenir à la température de la pièce avant de les faire cuire. Les œufs sont sensibles à la température; des œufs froids pourraient coaguler dans une mayonnaise ou un appareil à gâteau. Les blancs d'œufs battus gonfleront davantage s'ils sont à la température de la pièce. Mettez-les dans une assiette dès qu'ils sont prêts, car laissés dans un poêlon chaud ou sur une plaque chauffante, les œufs continuent de cuire. Faites-les cuire à feu moyen, sauf les omelettes.

COMMENT ÉCALER LES ŒUFS À LA COQUE

Les œufs très frais sont plus difficiles à écaler. Plongez-les dans l'eau glacée à la fin de la cuisson afin de faire décoller la coquille.

1 Faites craquer la coquille près du centre, comme pour séparer l'œuf. Roulez-le doucement contre la surface de travail de façon à fendre la coquille autour du centre.

2 Retirez la coquille. Passez l'œuf sous un jet d'eau froide pour faciliter cette étape. Asséchez l'oeuf avant de l'utiliser. Gardez les œufs écalés dans de l'eau salée.

COMMENT SÉPARER LES ŒUFS

La meilleure façon de séparer le jaune du blanc d'œuf est d'utiliser la coquille. Évitez de casser l'œuf dans une main et de laisser le blanc couler entre vos doigts en retenant le jaune. Le blanc d'œuf peut absorber du gras et des odeurs, ce qui l'empêche de bien gonfler.

1 Préparez deux bols. Faites craquer l'œuf le plus au centre possible. Pour ce faire, frappez fermement la coquille contre le bord d'un bol ou du comptoir. À l'aide de vos pouces, ouvrez un peu la coquille. Laissez tomber une partie du blanc d'œuf dans le bol.

2 Faites passer le jaune d'oeuf d'une coquille à une autre en laissant le blanc d'œuf couler dans le bol. À chaque passage, dégagez le blanc du jaune à l'aide du bord coupant de la coquille. Utilisez aussi la coquille pour retirer tout jaune d'œuf qui tomberait dans le blanc d'œuf.

3 Déposez doucement le jaune d'œuf dans l'autre bol.

Les œufs contiennent la bactérie salmonelle. Il faut une cuisson prolongée ou une chaleur intense pour l'éliminer. Les bébés, les jeunes enfants, les femmes enceintes et les personnes âgées doivent éviter les mets à base d'œufs peu ou pas cuits tels que les mousses, les soufflés, les meringues molles, les mayonnaises et ainsi de suite.

COMMENT BATTRE LES BLANCS D'ŒUFS EN NEIGE

Les blancs d'œufs battus en neige servent de base aux meringues et donnent leur légèreté aux soufflés et aux mousses. Les blancs d'œufs ne doivent contenir aucune trace de jaune d'œuf, d'huile ni d'eau. Une pincée de sel ou de crème de tartre ajoutée dès le début les aide à gonfler. Le sucre stabilise les blancs une fois montés et prévient la formation de grains. Ajoutez-le seulement à la fin, toutefois. Évitez de trop battre; si les blancs sont trop fermes, il sera difficile de les incorporer à une préparation. Choisissez de préférence un bol en cuivre ou en acier inoxydable, car il semble que le verre ou la céramique repousse les blancs d'œufs et cause leur séparation. Le plastique est à éviter, car il peut contenir des traces de gras ou d'huile. Dans le doute, rincez le bol avec du vinaigre ou du jus de citron, rincez à l'eau chaude et asséchez.

1 Mettez les blancs d'œufs dans un grand bol propre, de préférence en cuivre ou en acier inoxydable. Battez avec un gros fouet en métal ou un batteur électrique jusqu'à consistance mousseuse. Si vous n'utilisez pas un bol en cuivre, ajoutez 1/4 de c. à thé de crème de tartre ou une pincée de sel afin de stabiliser les blancs.

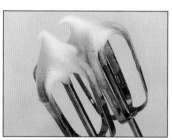

2 Augmentez la vitesse et continuez de battre les blancs d'œufs jusqu'à ce que des pointes molles se forment au bout du fouet ou du batteur quand vous le sortez du mélange.

3 Pour faire des meringues, ajoutez les trois quarts du sucre, 1 c. à soupe à la fois. Battez bien jusqu'à ce que le sucre soit dissous. (Frottez un peu de meringue entre votre pouce et votre index. Si vous avez une sensation de sable, continuez de fouetter.) Continuez jusqu'à ce que les blancs soient fermes et luisants.

4 Saupoudrez du reste du sucre et pliez dans la meringue. Suivez les instructions.

COMMENT BATTRE LES JAUNES D'ŒUFS

On bat souvent les jaunes d'œufs seuls, avec ou sans sucre, parfois sur le feu. Cela augmente le volume des sauces comme la hollandaise (PAGE 42), leur donne de la légèreté, et introduit plus d'air dans les gâteaux et les pâtes à frire.

Rincez un bol à l'eau chaude, puis asséchez-le. Mettez-y les jaunes d'œufs et le sucre, le cas échéant, et battez au fouet ou au batteur électrique. Les jaunes prendront une couleur jaune pâle et une texture épaisse et mousseuse.

LE PLIAGE DES BLANCS D'ŒUFS

Le pliage est l'une des principales techniques culinaires. Comme les blancs d'œufs battus en neige contiennent beaucoup d'air, il est difficile de les incorporer à des mélanges plus épais sans qu'ils perdent leur volume. Le pliage est une technique qui permet de mêler une préparation légère à une autre plus épaisse sans faire dégonfler la première.

1 Ne battez pas les blancs d'œufs en neige trop ferme, sinon ils vont se dégonfler. Pour alléger la préparation plus épaisse, ajoutez-y le quart des blancs d'œufs et mêlez bien.

2 Incorporez le reste des blancs d'œufs à la cuillère et pliez avec soin à l'aide d'une spatule en caoutchouc ou d'une cuillère en métal. Insérez l'ustensile dans le centre du mélange jusqu'au fond, puis remontez vers la surface par un côté du bol, en retournant le mélange, ou ramenez la base sur les blancs d'œufs. Pliez délicatement, depuis le centre vers le fond, puis vers la surface par les côtés.

LES ŒUFS À LA COQUE

Peu importe votre préférence, ne faites jamais bouillir les œufs, seulement mijoter. Pour éviter qu'ils ne craquent, laissez les œufs reposer au préalable à la température de la pièce. Il y a divers degrés de cuisson: mollets (blanc et jaune mous), moyens (blanc ferme et jaune mou) ou durs (blanc et jaune fermes). Mettez-les dans l'eau froide dès la fin de la cuisson. Cela évite la formation d'un cerne gris-vert autour du jaune. Les œufs à la coque se conservent au réfrigérateur pendant une semaine.

POUR DES ŒUFS MOLLETS OU DURS :
Remplissez une casserole de suffisamment d'eau salée pour recouvrir les œufs. Amenez à faible ébullition. Déposez délicatement les œufs dans l'eau et laissez mijoter de 3 à 5 minutes pour des œufs mollets, de 5 à 7 minutes pour des œufs moyens et de 10 à 12 minutes pour des œufs durs.

LES ŒUFS CUITS HORS DU FEU :
Mettez les œufs dans une casserole et recouvrez-les d'eau froide. Amenez à ébullition, puis retirez du feu. Couvrez. Laissez reposer de 6 à 8 minutes pour un œuf mollet, de 8 à 10 minutes pour un œuf dur, ou au goût. Retirez les œufs de l'eau et servez-les immédiatement, ou plongez-les dans un bol d'eau glacée pour les faire refroidir. Écalez les œufs dès qu'ils sont refroidis. Ce procédé donne des œufs moyens ou durs avec un blanc plus tendre. On s'en sert souvent pour préparer des oeufs destinés aux salades César ou aux mets moulés.

COMMENT POCHER LES ŒUFS

Les œufs pochés cuisent dans de l'eau à faible ébullition. C'est ce qui produit des œufs tendres au blanc ferme et au jaune mou. Utilisez des œufs très frais, car plus l'œuf est frais, plus le blanc prendra une forme définie. Les œufs moins frais vont se désintégrer au contact de l'eau. Mettez un peu de vinaigre dans l'eau pour favoriser la coagulation. On sert les œufs pochés sur du pain grillé au petit déjeuner, à la florentine, à la bénédictine et dans d'autres mets.

1 Ne faites cuire qu'un œuf ou deux œufs à la fois. Dans un poêlon creux ou une casserole, versez 7,5 cm (3 po) d'eau. Si désiré, ajoutez 2 c. à soupe de vinaigre par litre (4 tasses) d'eau. Amenez à ébullition. Cassez l'œuf dans une soucoupe ou un petit plat. À l'aide d'une cuillère de bois, remuez l'eau vigoureusement afin de former un tourbillon. Faites glisser l'œuf rapidement dans ce tourbillon, ainsi il prendra sa forme. Continuez à brasser et à ajouter des œufs. Avec la pratique, vous arriverez à faire cuire plus d'œufs à la fois.

2 Réduisez le feu. Faites pocher les œufs dans l'eau à faible ébullition de 3 à 4 minutes ou au goût. Retirez l'œuf à l'aide d'une cuillère à égoutter. Vérifiez la consistance du bout du doigt; elle devrait être presque ferme. Déposez l'œuf sur un essuie-tout pour l'égoutter.

LES ŒUFS AU FOUR

Souvent appelée œufs en cocotte, cette recette est facile à maîtriser. Grâce à des assaisonnements ou à des ingrédients spéciaux, comme des poireaux à la crème et du saumon fumé, vous pouvez réaliser un délicieux hors-d'œuvre, idéal pour une grande occasion comme pour un repas de tous les jours.

1 Enduisez quatre ramequins de beurre. Saupoudrez le fond de sel et de poivre. Cassez un œuf par ramequin. Vous pouvez verser 1 c. à soupe de crème sur l'œuf, ou encore y mettre une noix de beurre.

LES ŒUFS AU FOUR SUITE

2 Couvrez les ramequins de papier d'aluminium sans serrer. Déposez-les dans un poêlon creux ou une casserole allant au four. Remplissez d'eau et faites cuire doucement sur la cuisinière ou au four à 190 °C (375 °F) de 5 à 6 minutes. Le blanc doit être ferme et le jaune, encore mou. Secouez légèrement un ramequin pour tester. Retirez les ramequins de l'eau. Rappelez-vous que les œufs continueront de cuire; servez-les immédiatement.

3 Une autre méthode consiste à enduire de beurre quatre plats à cuisson individuels. Étendez une base préparée au fond des plats des poireaux à la crème, tomates en dés ou ciboules. Faites une dépression au centre de chaque plat et cassez-y un œuf. Ajoutez un peu de crème ou une noix de beurre. Couvrez sans serrer. Faites cuire comme à l'étape 2, de 10 à 12 minutes ou jusqu'à ce que ce soit presque cuit.

LES ŒUFS BROUILLÉS

En France, on considère la préparation des œufs brouillés comme un art. On les remue délicatement à feu doux pour obtenir une purée crémeuse. C'est un plat élégant, qu'on peut garnir de truffes, de saumon fumé ou de ciboulette ciselée. Ils font merveille sur les pâtisseries fines, les tartelettes ou le pain grillé. Les puristes n'ajoutent ni lait ni eau avant la cuisson, car cela ferait coller les œufs. D'autres prétendent qu'une cuillerée de crème épaisse ou de crème fraîche en fin de la cuisson permet d'abaisser la température et d'arrêter la cuisson, tout en rehaussant la saveur.

1 Dans un bol, cassez deux ou trois œufs par personne. Salez et poivrez, puis battez pour bien mélanger. Faites fondre 1 à 2 c. à soupe de beurre à feu moyen-doux dans une casserole épaisse ou un poêlon profond. Ajoutez les œufs et faites cuire lentement, en remuant constamment avec une cuillère de bois.

2 Remuez les œufs jusqu'à épaississement, mais gardez-les moelleux et crémeux. Retirez du feu et remuez jusqu'à la consistance désirée. La chaleur du poêlon continuera de cuire les œufs. Si désiré, faites cuire les œufs plus longtemps, incorporez une noix de beurre ou une cuillerée de crème, puis servez.

LES ŒUFS FRITS

On associe facilement les œufs frits au bacon croustillant ou à la saucisse. L'œuf frit était au cœur des petits déjeuners de nos ancêtres, qu'on servait avec du bacon ou de la saucisse et du pain grillé. Du beurre, de l'huile ou du gras de bacon servent à la cuisson.

1 Faites fondre 1 ou 2 c. à soupe de beurre ou de margarine dans un poêlon épais à feu moyen. Cassez-y deux œufs.

2 Laissez frire de 1 à 2 minutes, jusqu'à ce que le blanc soit ferme et commence à craqueler sur les bords. Le jaune doit être mou.

3 Pour tourner les œufs, utilisez une spatule et rabattez chaque œuf avec soin. Faites cuire 15 secondes supplémentaires, puis servez. Vous pouvez aussi, lorsque les blancs raffermissent, ajouter de 1 à 2 c. à soupe d'eau dans le poêlon. Couvrez et laissez cuire 2 à 3 minutes, ou au goût.

LES OMELETTES

On peut rouler les omelettes, les plier ou les servir à plat. Garnies d'ingrédients variés, elles constituent de succulents repas. Assurez-vous de bien huiler votre poêlon à omelette. Les poêlons antiadhésifs conviennent très bien.
Pour une omelette de deux ou trois œufs par personne, prévoyez un poêlon de 17,5 ou 20 cm (7 ou 8 po). Pour une omelette de quatre ou cinq œufs pour deux personnes, prévoyez un poêlon de 22,5 cm (9 po).

1 Cassez deux ou trois œufs dans un bol, salez et poivrez, puis fouettez pour bien mélanger. Faites fondre 1 ou 2 c. à soupe de beurre dans le poêlon à feu moyen-vif. Remuez le poêlon pour bien l'enduire.

2 Quand le beurre est fondu, mousseux et qu'il commence à brunir, versez-y les œufs. Remuez le poêlon afin de distribuer le mélange d'œufs également. Faites cuire environ 10 secondes jusqu'à ce que le fond commence à prendre.

3 À l'aide d'une spatule en métal ou d'une fourchette, amenez délicatement le mélange cuit du bord vers le centre du poêlon. Penchez le poêlon pour permettre au liquide de s'écouler dans le fond et sur le contour. Faites de même jusqu'à ce que l'omelette soit ferme, mais toujours mouillée et crémeuse.

4 Saupoudrez 1 c. à soupe de persil frais haché ou de ciboulette au centre de l'omelette, puis parsemez-y 2 à 3 c. à soupe de cheddar râpé ou d'autres fromages. Passez une spatule autour de l'omelette pour la décoller du rebord. Inclinez le poêlon et repliez le tiers de l'omelette sur le centre.

5 Tenez le poêlon au-dessus d'une assiette chaude et faites-y glisser le troisième tiers de l'omelette.

6 Inclinez le poêlon afin que l'omelette se replie d'elle-même dans l'assiette, les bords contre l'assiette. Au goût, badigeonnez l'omelette d'un peu de beurre fondu et parsemez-la de quelques fines herbes. Servez immédiatement.

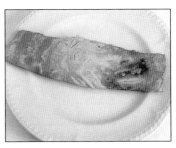

7 Pour faciliter le service de l'omelette, vous pouvez, à l'étape 5, plier l'omelette en deux plutôt qu'en trois, puis la faire glisser dans une assiette chaude. Pour terminer, suivez l'étape 6.

LES CRÊPES ET LES SOUFFLÉS

La pâte à crêpes contient de la farine, du liquide (du lait, de l'eau ou de la crème, voire de la bière) et des œufs dans des proportions variables selon la texture désirée. La pâte sera sucrée pour les crêpes ou les gaufres, ou salée pour le pudding du Yorkshire, les chaussons ou les blinis. On prépare une pâte épaisse pour les beignets ou les aliments frits, comme le poisson, et une pâte claire pour les chaussons et les crêpes minces.

LA PRÉPARATION D'UN SOUFFLÉ

Le soufflé est un excellent exemple des propriétés liantes et levantes des œufs. On prépare une sauce de base avec les jaunes, dans laquelle on plie les blancs battus en neige. Cuit au four, ce mélange donne un mets gonflé et doré. Les soufflés peuvent être sucrés ou salés, chauds ou froids, même si le soufflé froid est en fait une mousse avec gélatine. Tous les soufflés se basent sur deux techniques : la montée des blancs en neige et leur pliage dans la sauce de base d'une part, et la préparation du plat à soufflé d'autre part.

ASTUCE CUISINE

Le robot culinaire et le mélangeur sont utiles pour préparer la pâte à crêpes. Mettez la farine tamisée, le sucre et le sel dans le bol du robot muni de la lame en métal. Ajoutez les œufs et 250 ml (1 tasse) du liquide. Mélangez bien de 30 à 40 secondes. Passez dans une tasse graduée et versez-y le beurre. Laissez le mélange reposer au moins 30 minutes, puis ajoutez du liquide au besoin.

LA PRÉPARATION DES CRÊPES : LES CRÊPES À LA FRANÇAISE

Les crêpes sont populaires et polyvalentes. On peut les fourrer de mélanges sucrés ou salés, les plier, les chauffer dans des sauces ou les manger nature, saupoudrées d'un peu de sucre glace et de jus de citron frais, comme on le fait en France au coin des rues. Laisser reposer la pâte permet au gluten d'agir et favorise l'absorption du liquide. Pour cette raison, on ajoute parfois un peu de lait ou de liquide avant la cuisson afin d'obtenir la consistance désirée. Privilégiez les poêlons antiadhésifs; cela évite d'utiliser des corps gras entre chaque crêpe.

INGRÉDIENTS
(donne environ 15 crêpes)

250 g (1 tasse) de farine
1/8 de c. à thé de sel
1 à 2 c. à thé de sucre
3 œufs
335 ml (1 1/3 tasse) de lait ou
    d'un mélange mi-lait, mi-eau
4 à 5 c. à soupe de beurre fondu

1 Tamisez la farine, le sel et le sucre dans un bol. Dans un autre bol, battez les œufs avec 250 ml (1 tasse) du liquide. Formez une dépression au centre des ingrédients secs et versez-y graduellement le mélange liquide en fouettant.

2 Incorporez peu à peu la farine qui reste autour du bol jusqu'à l'obtention d'une pâte lisse, de la consistance de la crème fouettée.

3 Passez l'appareil dans une grande tasse graduée.

4 Ajoutez le beurre et mêlez bien. Laissez reposer 1/2 heure ou toute la nuit. Si la pâte devient trop épaisse, ajoutez-y un peu d'eau ou de lait.

5 Chauffez la crêpière à feu moyen. Huilez la surface au pinceau ou au vaporisateur. Mettez 45 à 60 ml (3 à 4 c. à soupe) de pâte à crêpes dans la crêpière. Penchez la crêpière pour étendre la pâte en une couche fine et uniforme. Retirez les excès ou remplissez les vides, selon le cas.

LA PRÉPARATION DES CRÊPES :
LES CRÊPES À LA FRANÇAISE SUITE

6 Faites cuire environ 1 minute. À l'aide d'une spatule en métal, dégagez les contours de la crêpe, puis remuez la crêpière pour éviter que la crêpe ne colle.

7 Glissez la spatule sous la crêpe, puis retournez-la.

8 Faites cuire la crêpe de 20 à 30 secondes de plus, puis déposez-la dans une assiette. Recommencez en ajoutant un peu de beurre dans la crêpière au besoin.

9 Si vous servez les crêpes immédiatement, empilez-les les unes sur les autres. Sinon, mettez une feuille de papier ciré ou de pellicule plastique entre chaque crêpe. Laissez refroidir, enveloppez bien et conservez au réfrigérateur ou au congélateur jusqu'à utilisation.

LA PRÉPARATION D'UN SOUFFLÉ

On recommande d'utiliser un plat à bords droits en céramique pour les soufflés, car la cannelure aide le soufflé à gonfler. Cependant, tout plat allant au four peut convenir. Enduisez la surface de beurre fondu ou ramolli, ou d'huile, avec un pinceau à pâtisserie. Réfrigérez, puis mettez une seconde couche de beurre lorsque la première est prise. Certaines recettes demandent de saupoudrer de chapelure, de fromage ou de sucre.

LE SOUFFLÉ AU FROMAGE

1 Préparez un plat à soufflé de 1,25 à 1,5 l (5 à 6 tasses). Confectionnez une béchamel (PAGE 38). Réduisez la chaleur, ajoutez les jaunes d'œufs un à la fois et battez. Faites cuire en remuant constamment, environ 2 minutes, jusqu'à épaississement. Retirez du feu et ajoutez les fromages, la moutarde et la muscade. Laissez reposer en gardant chaud. Remuez de temps à autre afin de prévenir la formation d'une peau.

INGRÉDIENTS
(4 à 6 portions)

225 ml (8 oz) de béchamel (moyenne)
4 œufs, séparés
1 c. à soupe de moutarde de Dijon
Muscade fraîchement râpée
90g (3oz) de fromage Cheddar ou
Monterey Jack fraîchement râpé
1 à 2 c. à soupe de fromage
Parmesan fraîchement râpé
1 blanc d'œuf

2 Préchauffez le four à 190 ° (375 °F). Mettez une plaque à cuisson sur une grille dans le tiers inférieur du four. Cela favorise la cuisson du fond du soufflé. Battez en neige les cinq blancs d'œufs jusqu'à fermeté. Évitez de trop battre. (Ajoutez le sucre à ce stade pour les soufflés sucrés.)

3 Incorporez une grosse cuillerée de blancs d'œufs battus en neige dans la préparation de fromage chaude et pliez. À l'aide d'une spatule en caoutchouc ou d'une grande cuillère en métal, incorporez le reste des blancs d'œufs. Pliez avec soin, car vous risquez de faire dégonfler le mélange.

4 Transférez le mélange par cuillerées dans le plat à soufflé. Égalisez délicatement la surface. Frappez fermement le fond du plat contre la surface de travail pour éliminer les grosses bulles.

5 Faites cuire 30 minutes, ou jusqu'à ce que le soufflé soit gonflé et doré. Remuez le plat; le soufflé devrait à peine vibrer, le centre étant toujours tendre. Faites cuire 5 minutes de plus pour raffermir le soufflé, puis servez.

LA CRÈME PÂTISSIÈRE ET LA CRÈME RENVERSÉE

Les crèmes pâtissières et renversées contiennent des œufs, du lait, du sucre (pour des crèmes sucrées plutôt que salées) et des assaisonnements. La crème pâtissière cuit sur le feu jusqu'à épaississement. La crème renversée cuit au four dans un *bain-marie* ou un contenant d'eau.

La *crème pâtissière* est délicate et particulièrement sensible à la chaleur. Elle épaissit grâce à l'action des protéines des œufs qui coagulent à la cuisson. Si elle cuit à feu trop vif ou trop rapidement, elle caillera et se séparera. Procédez toujours lentement et à feu doux. Utilisez un bain-marie ou un bol placé sur une casserole d'eau chaude non bouillante. La crème doit épaissir *lentement* ; vous devez sentir la texture se raffermir au fond de la casserole. La crème pâtissière est prête lorsqu'elle enrobe une cuillère de bois et garde la trace d'un doigt. Si la crème caille, retirez la casserole du feu et brassez vivement, ou ajoutez un glaçon en fouettant pour faire baisser la température.

Crème anglaise La crème anglaise se sert chaude ou froide. Vous pouvez en napper des desserts, en fourrer des pâtisseries ou l'utiliser comme base pour les glaces, les mousses et bien d'autres desserts. Elle épaissit à 80 °C (180 °F) et met de 10 à 12 minutes à cuire.

Les *crèmes renversées* cuisent au four, à feu moyen, dans un récipient d'eau. Ce procédé protège la crème de la chaleur directe et lui évite de surchauffer. La crème caramel est le type de crème renversée le plus populaire. Comme pour le soufflé, son centre n'est pas ferme à la fin de la cuisson, mais la lame d'un couteau insérée entre le centre et le bord du moule en ressort propre. Plusieurs quiches ou tartes ont une crème renversée comme base. En général, 1 œuf entier ou 2 jaunes d'œufs font épaissir 250 ml (1 tasse) de lait. Pour obtenir un mélange plus riche, utilisez plus de jaunes d'œufs ou de la crème au lieu du lait.

LA CRÈME ANGLAISE

La crème anglaise est une sauce classique pour napper de nombreux desserts aux fruits ou des choux à la crème. Ajouter un peu de fécule de maïs ou une poudre épaississante au mélange d'œufs battus avant d'y verser le lait permet de stabiliser les jaunes d'œufs et d'amener le mélange à ébullition. Prévoyez environ 1 c. à thé de fécule pour 250 ml (1 tasse) de lait.

LA CRÈME PÂTISSIÈRE (CRÈME ANGLAISE)

1 Fendez la gousse de vanille, retirez les graines en grattant et mettez-les dans la casserole avec la gousse.

INGRÉDIENTS

500 ml (2 tasses) de lait
1 gousse de vanille ou 1 1/2 c. à thé
    d'essence de vanille
4 jaunes d'œufs
3 c. à soupe de sucre

2 Versez le lait et faites mijoter. Retirez du feu, couvrez et laissez infuser pendant environ 15 minutes. Passez au tamis.

3 Dans un bol de taille moyenne, battez les jaunes d'œufs avec le sucre jusqu'à ce qu'ils prennent une couleur jaune pâle et une consistance épaisse, environ 3 minutes. Versez lentement le lait chaud sur les œufs en fouettant pour bien mélanger.

4 Remettez le mélange dans la casserole ou dans la partie supérieure d'un bain-marie à faible ébullition. Faites cuire à feu doux en remuant sans arrêt jusqu'à épaississement. Le mélange doit enduire le dos d'une cuillère en bois et garder la trace d'un doigt. Prévoyez environ 10 minutes de cuisson.

5 Passez immédiatement dans un bol refroidi sur de la glace ou de l'eau glacée. Ajoutez l'essence de vanille, le cas échéant, et brassez la crème pour la faire refroidir. Servez la crème pâtissière encore chaude ou refroidie. Couvrez-la d'une pellicule plastique pour prévenir la formation d'une peau.

LES POISSONS ET LES CRUSTACÉS

Le poisson s'est taillé une place de choix dans notre alimentation quotidienne. On parle de plus en plus de ses propriétés pour la santé – il est faible en gras et riche en protéines, en vitamines et en minéraux. Cela en fait l'aliment idéal des gourmets d'aujourd'hui. En raison de leur faible teneur en calories, les poissons à chair blanche sont particulièrement appréciés des gens au régime. De plus, les poissons à plus forte teneur en huile contribuent à prévenir les maladies du cœur.

LE POISSON

Il y a des centaines d'espèces de poissons : des poissons d'eau salée (les océans) aux poissons d'eau douce (les lacs, les rivières et les ruisseaux). On reconnaît en général deux catégories fondées sur la structure osseuse : les poissons ronds et les poissons plats. Les poissons ronds étant charnus, on peut les couper en darnes égales. Ces poissons ont des arêtes secondaires à retirer avant la cuisson. Les poissons plats comme le flet ont une arête centrale plate avec des rangées de petites arêtes sur les côtés. Ces poissons donnent quatre filets. Ils sont faciles à parer, mais les filets sont de taille inégale, plus gros près de la tête.

Les gros poissons ronds, comme le thon et l'espadon, ont une grosse épine dorsale et quatre rangées d'arêtes en saillie, qui divisent le poisson en quatre. On découpe habituellement ces poissons sur la largeur pour en faire de grosses darnes sans arêtes lorsqu'on enlève la chair de l'épine dorsale.

La teneur en gras des poissons aide à déterminer la meilleure méthode de cuisson. Les poissons plus maigres ont une chair blanche et ferme, un goût léger et moins de 5 % de gras. La sole, le flet, le flétan, le vivaneau, le loup marin, la perche, le poisson-chat et la morue sont autant d'exemples. Ces poissons se dessèchent rapidement, donc la cuisson à la vapeur, le pochage, la cuisson en sauce ou en papillote, la panure avant la friture sont diverses méthodes possibles. Le saumon, le maquereau, le hareng et la carpe sont des poissons à forte teneur en huile, suivis du thon, de l'espadon, de la truite, du rouget et de la lotte. Les poissons huileux contiennent entre 5 et 50 % de gras, donc ils conviennent parfaitement à la cuisson au four ou sur le gril, ou encore au poêlon.

COMMENT FAIRE CUIRE LE POISSON

On peut faire cuire le poisson de toutes sortes de façons : le pocher, le cuire à la vapeur, au poêlon, à la friteuse, sur le gril ou au four. Il entre dans la préparation de farces, de mousses, de pâtés et de terrines. Quelle que soit votre méthode préférée, le poisson cuit rapidement, donc faites-le cuire légèrement, sinon la chair s'asséchera et perdra de sa saveur.
Le poisson cru est translucide et devient opaque à la cuisson.

LE CHOIX ET LA CONVERSATION DU POISSON

Choisissez le poisson le plus frais possible chez un marchand de poisson ou dans un supermarché à forte rotation des stocks. Si vous achetez du poisson surgelé, optez pour la meilleure qualité. Privilégiez les emballages intacts, sans traces de gel ni de sang apparent. Décongelez le poisson dans un contenant au réfrigérateur la nuit précédant son utilisation. Par contre, on peut faire cuire les filets et les darnes surgelés. Dans ce cas, ajoutez quelques minutes au temps de cuisson.

Le poisson frais a une odeur fine et une chair ferme qui reprend sa forme au toucher. Les yeux doivent être en saillie et non creux, et les nageoires, d'un rouge vif ou rosées, non brunâtres. Les écailles doivent reluire. Les filets et les darnes doivent paraître humides et non secs. Il est préférable de faire préparer vos filets et vos darnes sur demande.

Le poisson se détériore rapidement. Conservez-le peu de temps dans la partie la plus froide du réfrigérateur. Les poissons entiers se conservent mieux que les filets et les poissons maigres, mieux que les poissons gras. Tapissez un plat d'essuie-tout, mettez-y les filets ou les darnes et couvrez de pellicule plastique. Si possible, rangez-le dans un autre plat rempli de glace.

COMMENT PRÉPARER LE POISSON ENTIER

La plupart des poissons ont des écailles. Il faut les retirer avant la cuisson. Bien que votre poissonnier puisse nettoyer le poisson pour vous, il s'agit d'une technique facile à maîtriser.

LA CUISSON D'UN POISSON ENTIER :
On peut enlever les nageoires ou les laisser pour garder la forme du poisson. À l'aide de ciseaux de cuisine ou d'un couteau tranchant, faites deux entailles, de chaque côté du dos et des nageoires anales, puis tirez la nageoire vers la tête du poisson pour l'enlever. Retirez les petites nageoires et coupez celles qui se trouvent derrière les branchies.

COMMENT TAILLER LA QUEUE :
À l'aide de ciseaux de cuisine, taillez un V dans la queue pour une jolie présentation.

L'ÉCAILLAGE DU POISSON ROND :
Salez vos mains pour avoir une meilleure prise. Tenez la queue fermement avec un essuie-tout et déposez le poisson sur une planche dans un évier profond. À l'aide d'un écailleur à poisson ou du bord non tranchant de la lame d'un couteau, grattez les écailles de la queue vers la tête. Retournez le poisson pour écailler l'autre côté, puis rincez-le ainsi que la planche.

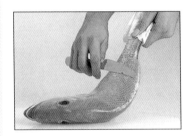

COMMENT NETTOYER ET ÉVIDER UN POISSON ROND :
Utilisez un couteau tranchant et coupez la partie inférieure (le ventre) du poisson des branchies jusqu'aux nageoires anales. N'insérez pas le couteau trop loin, car vous pourriez percer l'estomac. (Vous pouvez couper la tête avant d'évider le poisson, si désiré.) Éviscérez le poisson délicatement.

COMMENT ENLEVER LES NAGEOIRES :
Vous pouvez soit enrouler un doigt autour des nageoires et tirer, soit les couper. Rincez bien les cavités. À l'aide d'une cuillère, grattez le long des vertèbres pour éliminer le sang ou le rein. Rincez de nouveau, puis asséchez.

COMMENT PRÉPARER LE POISSON ENTIER SUITE

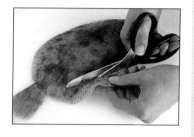

LE POISSON PLAT :
Coupez les nageoires à l'aide de ciseaux de cuisine.

Pour nettoyer, faites une petite entaille derrière les branchies, retirez l'estomac du poisson, puis rincez. Vous pouvez aussi couper la tête en faisant une entaille en forme de V autour, tirez sur la tête et évider le poisson.

COMMENT PARER LES FILETS DE POISSON

Certains poissons ont une peau coriace et huileuse. Il faut la leur enlever avant le pochage, la cuisson à la vapeur, la grande friture ou la friture au poêlon. La peau de la plupart des poissons s'enlève à l'aide d'un couteau. Dans le cas du poisson-chat, de la lotte, de la sole et de quelques autres, il est préférable d'enlever la peau avant de couper les filets. La préparation des filets est rapide et simple ; pour un poisson entier, vous pouvez faire appel à un professionnel.

COMMENT PRÉPARER LES FILETS :
1 Déposez le filet avec la peau contre la surface de travail et la queue tournée vers vous. Faites une petite entaille en forme de croix jusqu'à la peau au-dessus de la queue.

2 En tenant la peau de la queue, appuyez la lame du couteau contre la peau, presque parallèle au filet. D'un mouvement de scie, éloignez le couteau de vous en séparant la peau de la chair.

COMMENT DÉSOSSER LE POISSON

Les poissons ronds et plats, une fois désossés et farcis, donnent une présentation élégante. On peut enlever ou non la tête du poisson. Par contre, il est nécessaire d'évider le poisson. Pour le farcir par le dos, veillez à le nettoyer par les branchies.

1 Avec la cavité ouverte, glissez le couteau à fileter entre la cage thoracique et la chair de façon à les détacher de la cavité ventrale. Procédez des côtés jusqu'à l'épine dorsale.

2 Tournez le poisson sur son ventre et ouvrez-le comme un livre qu'on dépose ouvert à l'envers. Appuyez sur l'épine dorsale afin de détacher l'os de la chair.

3 À l'aide de ciseaux, coupez au travers de l'épine dorsale de la queue à la tête (si vous l'avez laissée), puis enlevez la chair et les os. Ouvrez le poisson à plat et retirez les petites arêtes qui restent, comme pour les filets. Le poisson est prêt.

COMMENT TAILLER LES FILETS ET LES DARNES

L'achat d'un poisson entier s'avère souvent plus avantageux que l'achat de filets ou de darnes. Il est facile de le désosser soi-même avec un couteau à fileter tranchant, à longue lame fine et souple. Gardez les os et les rognures (pas la peau) des poissons maigres pour en faire un fumet (page 35). Le poisson rond donne deux longs filets, alors que le poisson plat en donne quatre ; deux plus épais près de la tête du poisson, et deux autres vers la queue. Enlevez les écailles avant de fileter si vous voulez faire cuire le poisson avec la peau.

COMMENT FILETER LE POISSON ROND :
1 Déposez le poisson sur une surface de travail. Coupez la tête juste derrière les branchies.

2 Avec le couteau parallèle à l'épine dorsale, perforez la peau jusqu'à la chair à partir de la tête. Coupez le long de l'épine dorsale jusqu'à la queue, en tenant le couteau contre l'os. Vous sentirez le couteau trancher les ischions secondaires. Tournez le poisson puis faites la même chose de l'autre côté.

3 Enlevez tous les os restants. Servez-vous de pinces ou de l'ustensile à équeuter les fraises. Passez doucement votre main sur les filets pour repérer les arêtes.

COMMENT FILETER LE POISSON PLAT :
1 Faites une entaille courbe derrière la tête du poisson ou coupez-la complètement. À l'aide de la pointe d'un couteau, taillez les contours des deux filets par l'extérieur du poisson. Coupez en diagonale à travers la queue.

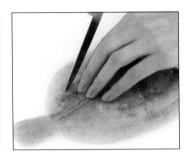

2 Repérez l'épine dorsale. Faites une entaille de la tête à la queue le long de l'épine. Avec la lame du couteau à plat contre les os, coupez le filet par petits coups en détachant la chair. Tournez le poisson et faites la même chose de l'autre côté.

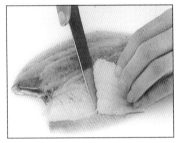

LES GROS FILETS :
Les filets du saumon, de l'achigan ou d'autres poissons peuvent donner des escalopes de 0,3 cm (3/8 de po) de belle apparence et qui cuisent rapidement. Travaillez de la tête jusqu'à la queue avec le couteau parallèle au filet. Coupez en diagonale en lanières fines et égales.

COMMENT TAILLER LES DARNES DE POISSON ROND :
Utilisez un gros couteau pour couper le poisson en darnes d'environ 2,5 à 3,5 cm (1 1/2 po) d'épaisseur. Les darnes du centre seront plus épaisses. La queue est trop petite pour faire des darnes ; coupez-la à l'horizontale en deux filets.

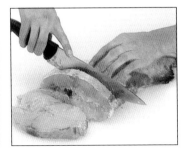

COMMENT POCHER LE POISSON

Le pochage est une méthode de cuisson douce. L'utilisation de liquide confère humidité et saveur aux poissons entiers comme aux petits filets ou aux darnes. Le liquide utilisé – fumet (page 35), court-bouillon (page 31), eau ou vin – sert ensuite à préparer la sauce d'accompagnement. On peut faire pocher le poisson sur la cuisinière ou dans le four.

1 Pour faire pocher un gros poisson, préparez d'abord le liquide et refroidissez-le complètement. Versez-le dans un plat à poisson ou dans une grande marmite. Placez le poisson sur une grille, ou encore sur une étamine double.

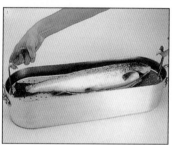

2 Déposez le poisson (sur la grille) dans le liquide (si vous utilisez une étamine, attachez les extrémités aux poignées). Ajoutez de l'eau au besoin. Amenez à ébullition à feu moyen-vif, couvrez et laissez mijoter jusqu'à ce que le poisson soit prêt. Égouttez, puis servez chaud. Refroidissez le poisson avant de le réfrigérer si vous voulez le servir froid.

3 Pour faire pocher de plus petits poissons, des filets ou des darnes, placez-les dans un plat à cuisson graissé. Recouvrez de liquide. Couvrez le plat d'une feuille de papier graissée ou de papier d'aluminium.

4 Amenez le liquide à ébullition à feu moyen. Transférez le plat au four à 180 °C (350 °F). Faites pocher le poisson jusqu'à cuisson complète. Retirez-le du liquide et servez chaud. Pour le servir froid, retirez du four avant qu'il soit tout à fait cuit, car le poisson continue de cuire dans le liquide chaud.

LA VÉRIFICATION DE LA CUISSON

1 Faites une petite entaille dans la partie la plus épaisse du poisson entier et soulevez délicatement la chair avec la pointe d'un couteau. Le poisson cuit a une chair opaque qui se détache facilement de l'os. Les gros poissons continuent de cuire une fois retirés de la source de chaleur. Si la chair est presque opaque autour de l'os, elle finira de cuire au repos.

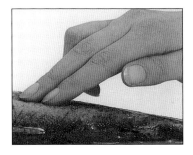

2 La chair du poisson cuit est ferme au toucher et offre une certaine résistance. Le poisson cru est plutôt mou.

3 Le poisson est bien cuit lorsque la chair commence tout juste à s'effeuiller. Par contre, si elle se détache trop facilement, il est trop cuit et sera sec.

MÉTHODE DE CUISSON DE PÊCHES ET OCÉANS CANADA

Cette méthode de base indique la durée du pochage à prévoir.

1 Mesurez le poisson dans sa partie la plus épaisse. Allouez 10 minutes de cuisson (20 minutes si le poisson est surgelé) pour 2,5 cm (1 po) d'épaisseur.

2 Pour vérifier la cuisson, retirez le poisson très épais du liquide. Faites tenir la grille en travers de la marmite. Glissez la lame d'un couteau le long de l'épine dorsale. La chair doit être opaque et se détacher des os.

LA CUISSON DU POISSON À LA VAPEUR

La cuisson à la vapeur est une des méthodes les plus simples. La cuisine chinoise et la cuisine sans gras y recourent beaucoup. La cuisson à la vapeur prend le même temps que le pochage, mais demande moins de liquide. De plus, le liquide doit déjà bouillir quand on y place le poisson. Enduisez la grille d'un corps gras pour éviter que le poisson ne colle.

1 Disposez les darnes, les filets ou les petits poissons entiers dans le panier de la marmite à vapeur au-dessus d'eau bouillante. Couvrez et faites cuire jusqu'à ce que le poisson soit prêt.

2 Mettez le poisson dans une assiette au fond d'une étuveuse en bambou. Déposez cette dernière sur une casserole remplie d'eau à faible ébullition.

3 On peut faire cuire le poisson à la vapeur dans une assiette étuveuse. Placez une petite grille, un ramequin ou un bol à l'envers dans un wok. Versez-y 5 cm (2 po) d'eau bouillante. Mettez l'assiette sur le bol et faites cuire à la vapeur comme ci-dessus.

4 On peut faire cuire des poissons et des filets plus gros à la vapeur, dans une assiette ou sur du papier d'aluminium épais. Scellez le dessus de la casserole avec du papier d'aluminium et faites cuire sur la cuisinière ou au four comme ci-dessus.

LA FRITURE AU POÊLON OU LA GRANDE FRITURE

La friture au poêlon et la grande friture sont deux excellentes façons de préparer le poisson. Au poêlon, vous utilisez peu de gras. Par contre, pour la grande friture, vous aurez besoin d'une friteuse, d'une casserole ou d'un wok contenant de 7,5 à 10 cm (3 à 4 po) d'huile. Dans les deux cas, la chaleur intense permet de sceller l'humidité et la saveur du poisson. Le plus souvent, on l'enrobe de chapelure ou d'une pâte à frire.

LA FRITURE AU POÊLON :

1 Faites chauffer assez de beurre clarifié (page 39) ou un mélange de beurre et d'huile pour couvrir le fond du poêlon à feu moyen-vif.

2 Lorsque le gras est bien chaud, mais non fumant, étalez le poisson en une couche dans le poêlon. Faites cuire environ deux minutes de chaque côté (selon l'épaisseur), jusqu'à ce qu'il soit doré. Égouttez sur des essuie-tout avant de servir.

LA GRANDE FRITURE :

1 Remplissez une friteuse, une casserole profonde ou un wok de 7,5 à 10 cm (3 à 4 po) d'huile. Chauffez l'huile à 190 °C (375 °F) et ajoutez-y délicatement le poisson. Ne faites pas cuire trop de morceaux à la fois, car cela abaisserait la température de l'huile.

2 Faites frire le poisson jusqu'à ce qu'il soit doré et croustillant. Retournez une fois. Retirez à l'aide d'une cuillère à égoutter. Égouttez le poisson sur des essuie-tout.

LE SERVICE DU POISSON ENTIER

Il vaut mieux retirer la peau de tout poisson entier poché avant le service. Faites-le quand le poisson est chaud, sinon la peau sera plus difficile à enlever. Par contre, vous pouvez servir le poisson avec la peau si vous le grillez ou le faites cuire sur le gril.

COMMENT ENROBER LE POISSON POUR LA FRITURE

Pour protéger la chair délicate du poisson, et retenir son humidité et sa saveur, enrobez les morceaux d'un mélange à base de chapelure, de farine de maïs ou même de flocons d'avoine, ou encore d'une pâte à frire faite d'un œuf et de farine. La pâte à frire convient surtout à la grande friture.

LA CHAPELURE :

1 Pour enrober les filets, les darnes ou les petits poissons entiers, asséchez-les puis assaisonnez-les. Mettez de la farine dans une assiette creuse et assaisonnez-la. Mettez de la chapelure ou de la panure dans une autre assiette creuse. Battez 1 œuf ou 2 œufs (selon la quantité de poisson) dans une troisième assiette. Assaisonnez et réservez.

2 Passez les morceaux de poisson dans la farine (un à la fois) et secouez le surplus. Trempez-les ensuite dans l'œuf battu en les tournant de tous les côtés pour bien les enrober.

3 Mettez les morceaux enduits d'œuf dans la chapelure en appuyant légèrement pour que la chapelure colle bien de tous les côtés. Secouez-les légèrement pour enlever tout surplus. Déposez-les dans une assiette et réfrigérez au moins 15 minutes avant de les faire frire. Cette étape permet à l'enrobage de se raffermir.

L'ENROBAGE AVEC DE LA PÂTE À FRIRE :
Préparez la pâte à frire et laissez-la reposer selon la recette. Asséchez bien le poisson ou les morceaux de poisson, et enrobez-les d'un peu de farine. Avec des pinces ou vos doigts, trempez un morceau à la fois dans la pâte à frire pour l'enduire complètement. Mettre tout de suite le poisson dans l'huile chaude.

LA CUISSON DU POISSON AU GRIL ET AU BARBECUE

La cuisson au gril est une méthode de cuisson intense à chaleur sèche idéale pour les poissons à forte teneur en gras, tels le saumon, le thon, la truite et l'espadon. Faire mariner le poisson humidifie sa chair. La cuisson au barbecue confère une excellente saveur de plein air et convient aux poissons goûteux, qu'on les prépare entiers, en morceaux ou en brochettes. Faites des entailles dans le poisson entier afin d'éviter qu'il ne frise et de lui assurer une cuisson plus égale.

1 À l'aide d'un couteau tranchant, faites trois ou quatre entailles en diagonale de chaque côté, d'environ 0,5 à 1,5 cm (1/4 à 1/2 po) de profond. Cela permet à la chaleur de mieux pénétrer le poisson. Vous pouvez couper la peau des gros poissons pour l'empêcher de rouler.

2 Asséchez le poisson et assaisonnez-le selon la recette. Le cas échéant, égouttez le poisson mariné. Placez-le sur la lèchefrite tapissée de papier d'aluminium. Badigeonnez de beurre, d'huile ou de marinade.

3 Faites griller les darnes ou les filets de 2 cm (3/4 de po) d'épaisseur à environ 7,5 à 10 cm (3 à 4 po) de la source de chaleur. Badigeonnez-les et tournez-les selon les indications de la recette. Placez sur le barbecue à chaleur moyenne, de 4 à 5 minutes, selon l'épaisseur du poisson, et retournez une fois à mi-cuisson.

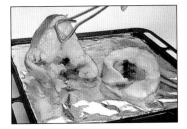

4 Pour faire griller du poisson plus maigre, ajoutez un peu de liquide dans le plat (bouillon, eau, vin), ce qui donnera plus d'humidité. Badigeonnez une ou deux fois pour garder le poisson humide en cours de cuisson.

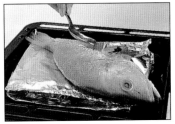

LA CUISSON AU FOUR

La cuisson au four est ce qu'il y a de plus simple pour faire cuire le poisson. Déposez le poisson dans un plat graissé, assaisonnez-le, ajoutez un peu de liquide (eau, vin, bouillon ou jus de citron), couvrez et faites cuire dans un four préchauffé à 180 °C (350 °F). Vous obtiendrez un poisson juteux et savoureux. Puisque cette méthode requiert peu de manipulation, elle est idéale pour les farces. Enveloppez le poisson dans une feuille de papier d'aluminium beurrée, avec quelques fines herbes, de l'eau ou du vin blanc. Placez-le ensuite sur une plaque à cuisson et faites cuire.

1 Préparez la farce selon la recette. Emplissez les cavités du poisson, ou assaisonnez les filets ou les darnes. Dans un plat à cuisson beurré, étendez un oignon finement haché ou deux échalotes. Étalez le poisson, puis badigeonnez le dessus de beurre ou d'huile. Arrosez de 45 à 60 ml (3 à 4 c. à soupe) de jus de citron ou de vin, et faites cuire.

2 Pour faire cuire le poisson dans du papier d'aluminium, beurrez ou huilez le papier. Mettez le poisson au centre et assaisonnez-le.

3 Arrosez le poisson de 2 à 3 c. à soupe de vin, d'eau ou de jus de citron, puis enveloppez-le dans le papier d'aluminium sans serrer. Déposez le tout sur une plaque à cuisson et faites cuire au four à 200 °C (400 °F) pendant environ 20 minutes pour un poisson entier de 500 à 1 kg (de 1 à 2 lb), ou plus longtemps selon la taille. Cette méthode convient à presque tous les types de poisson, notamment la perche, le loup marin, le pompano, le poisson-chat ou le vivaneau.

La cuisson dans le papier, en papillote, est une merveilleuse façon de faire cuire et de présenter le poisson. Le papier dore, et retient l'odeur et le goût du poisson jusqu'à son ouverture, à table. Cette méthode est des plus faciles pour un petit repas entre amis, puisqu'on peut préparer le poisson à l'avance, le réfrigérer, puis le mettre au four préchauffé pendant environ 20 minutes avant de le servir.

LES FILETS DE POISSON EN PAPILLOTE

1 Coupez quatre morceaux de papier sulfurisé d'environ 45 cm (18 po) et pliez-les en deux. Coupez le côté ouvert en forme de demi-cœur. Ouvrez le papier. Badigeonnez les cœurs de papier de beurre ou d'huile.

2 Déposez le quart des légumes et du bacon (le cas échéant) sur chaque cœur de papier, près du pli. Placez les filets sur les légumes, saupoudrez des fines herbes et versez-y l'huile et le vin. Assaisonnez au goût.

INGRÉDIENTS

2 petites carottes coupées en julienne
2 petits poireaux coupés en julienne
1 tomate moyenne, pelée, épépinée et
   coupée en morceaux
2 tranches de bacon croustillant
   coupées en dé (facultatif)
4 filets de poisson (environ 250 g
   [1/2 lb] chacun) coupés en deux
2 c. à soupe de fines herbes fraîches
   ciselées : aneth, estragon,
   ciboulette ou basilic
60 ml (4 c. à soupe) d'huile d'olive
60 ml (4 c. à soupe) de vin blanc sec
   ou de fumet
Sel et poivre frais moulus

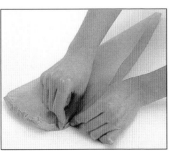

3 Repliez le papier en deux sur les ingrédients. Commencez par le côté arrondi et rabattez le bord comme si vous pinciez le bord d'une pâtisserie afin de former un paquet bien scellé. Repliez le rebord en dessous. Faites de même avec les trois autres cœurs.

4 Déposez les papillotes sur une plaque à cuisson et faites cuire à 200 °C (400 °F) pendant environ 10 minutes. Le papier sera doré et gonflé. Placez une papillote par assiette et laissez chaque convive ouvrir sa propre papillote.

LES CRUSTACÉS

LE CRABE ET L'ÉCREVISSE

Le crabe se mange froid ou chaud, avec ou sans carapace, ou farci. Dans certains mets chinois, par exemple, les crabes sont souvent bouillis ou sautés. Il y a de nombreuses variétés de crabe, mais le seul qu'on peut manger avec sa carapace est le crabe bleu à carapace molle, un mets délicat offert en saison sur la côte est des États-Unis. Le crabe frais français doit être encore vivant à l'achat, puis réfrigéré sur glace jusqu'à sa cuisson, de préférence la même journée.

La plupart des écrevisses vendues aux États-Unis proviennent de rivières ou d'étangs, donc d'eau douce. La chair blanche de la queue entre dans la confection de nombreux mets. La tête donne de la richesse aux bouillons et ragoûts cajuns et créoles. Vous pouvez acheter des écrevisses déjà cuites ou fraîches, et les queues, décortiquées, surgelées ou fraîches. Les écrevisses fraîches vivantes doivent avoir une odeur agréable à l'achat, puis être réfrigérées immédiatement. Utilisez en deçà de deux jours.

Si les écrevisses sont boueuses, trempez-les dans de l'eau froide salée 15 minutes avant la cuisson. Égouttez, rincez et répétez si nécessaire. Faites cuire les écrevisses comme le crabe (voir ci-contre) ; faites bouillir de 3 à 5 minutes jusqu'à ce que les carapaces prennent une couleur rouge vif.

LE HOMARD

On sert le homard poché, cuit à la vapeur ou grillé, soit chaud ou froid. C'est le crustacé le plus populaire. Il y a deux principales variétés de homard : le homard américain ou du Maine, qui a des pinces et une queue remplie de chair, et la langouste sans pinces, dont la chair se trouve surtout dans la queue.

Vous pouvez acheter le homard entier vivant ou cuit. Les queues de homards sont vendues cuites ou non, fraîches ou surgelées. Choisissez le homard vivant le plus actif et assurez-vous qu'il semble lourd pour sa taille et qu'il replie sa queue sous lui. Le homard cuit doit être d'un rouge vif et sa queue doit reprendre sa place rapidement quand vous l'étirez. Faites cuire les homards le jour même de l'achat ou réfrigérez-les sur du papier humide et de la glace. Si vous congelez le homard de 10 à 15 minutes avant de le faire, il s'immobilisera complètement. (Cette méthode convient aussi pour le crabe.)

LES CREVETTES

La crevette est le fruit de mer le plus populaire aux États-Unis. Sa chair à la fois ferme et douce est légèrement salée et la composition entre dans de nombreux mets. Servie froide ou chaude, on la vend à l'année, fraîche ou surgelée.

LA PRÉPARATION DU CRABE

Amenez une grande marmite d'eau salée à ébullition à feu vif. Ajoutez 1 c. à thé de sel par 500 g (1 lb) de crabe ou d'autres crustacés. Déposez le crabe rapidement dans l'eau bouillante, couvrez et ramenez à ébullition. Réduisez la chaleur et laissez mijoter environ 15 minutes. Égouttez, puis rincez à l'eau froide.

1 Placez le crabe cuit sur une surface de travail. Tenez la carapace fermement, puis cassez les pattes et les pinces du crabe en les tordant.

2 Avec des ciseaux de cuisine, ouvrez la carapace du côté des pattes. Retirez la chair à l'aide d'une broche ou d'une curette à crustacés.

3 Brisez les pinces avec le dos d'un couteau. Jetez les morceaux de carapace et retirez la chair de la pince à l'aide d'une broche ou d'une curette à crustacés.

4 Soulevez le rabat de la queue, détachez-le en le tordant, puis jetez-le. Pour ouvrir la carapace, tenez-la d'une main. Arrachez le dessus avec l'autre main en commençant là où était le rabat de la queue.

5 Retirez les branchies des côtés et cassez la carapace en morceaux.
6 Retirez la chair à l'aide d'une broche ou d'une curette à crustacés. Jetez tout morceau de carapace ou de cartilage. Dégustez la chair froide seule, en salades ou dans de nombreux autres mets.

COMMENT RETIRER LA CHAIR DES ÉCREVISSES

1 Pour arracher la queue d'une écrevisse, tordez-la et elle se séparera de la carapace. Ouvrez les deux parties supérieures de la carapace pour exposer la chair.

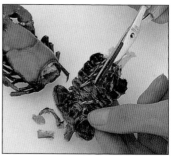

2 Placez la queue dans votre main, le dessous vers le haut. Par une pression du pouce contre le bout de la queue, dégagez la chair. Vous pouvez aussi couper la carapace à l'aide de ciseaux de cuisine.

3 Remuez doucement puis retirez la chair de la queue.

4 Retirez la veine intestinale qui se trouve sur le dos de la queue, à partir du corps de l'écrevisse vers le bout de la queue.

COMMENT BOUILLIR ET GRILLER LE HOMARD

Préparez l'eau comme pour le crabe (voir la page 91). Plongez les homards immobilisés dans l'eau bouillante, tête première. Ramenez l'eau à ébullition, puis faites mijoter 20 minutes, ou jusqu'à ce que les carapaces soient d'un rouge vif. Égouttez, puis rincez à l'eau froide courante.

1 Pour griller le homard, procédez comme ci-dessus, mais ne faites bouillir le homard que 5 minutes. Rincez-le, puis asséchez-le. Placez le homard, sur le dos, sur une grande planche à découper. À l'aide de ciseaux de cuisine, coupez la carapace de la tête jusqu'à la queue. Jetez les organes, les œufs rouges et le tomalli.

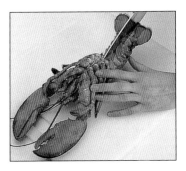

2 Coupez les côtés de la carapace molle. Puis, à l'aide d'un long couteau, taillez la carapace coriace du dos dans le sens de la longueur, le long du corps et de la queue.

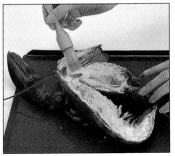

3 Ouvrez à plat sur une plaque de cuisson et badigeonnez de beurre fondu. Faites griller à environ 10 cm (4 po) de l'élément chauffant environ 6 minutes, jusqu'à ce que la chair soit ferme et opaque. Servez immédiatement avec du beurre clarifié fondu.

COMMENT RETIRER LA CHAIR DU HOMARD

La carapace du homard cuit peut servir de plat de présentation. Percez la queue afin d'éliminer l'excédent de liquide avant de couper le homard.

1 Placez le homard, sur son ventre, sur une planche à découper. En le tenant fermement d'une main, percez la carapace entre le corps et la queue, puis découpez-la jusqu'à la queue. Retournez le homard sur le dos et coupez la tête en deux. Vous obtenez ainsi deux moitiés.

2 Retirez et jetez le sac de la tête, des deux côtés (les œufs et le tomalli sont comestibles). Arrachez les pinces et les pattes, en les tordant. Réservez.

3 Retirez la veine intestinale qui parcourt le dos du crustacé. Jetez-la.

4 Dégagez la chair de la queue de la carapace et mettez-la de côté.

5 Brisez les pinces à plusieurs endroits à l'aide d'un couteau solide ou d'un casse-noix. Retirez les gros morceaux de la carapace, puis sortez la chair des pinces sans la briser, si possible. Procédez ainsi pour vider le reste du homard.

6 Utilisez une broche pour retirer la chair des pattes.

COMMENT FAIRE CUIRE LES CREVETTES

Pour faire bouillir des crevettes fraîches, mettez-les dans de l'eau salée à faible ébullition, de 1 à 3 minutes, jusqu'à ce que la carapace soit rosée. Rincez-les à l'eau froide. Égouttez, puis asséchez. Réfrigérez jusqu'au moment de servir. Qu'elles soient fraîches ou surgelées, cuites ou crues, il n'y a qu'une façon de décortiquer les crevettes. Enlevez les têtes et les carapaces avec les doigts. Les petites crevettes brunes se mangent entières. Avec les carapaces, vous pouvez confectionner une soupe de poisson ou un fumet.

1 Tordez la crevette et retirez la tête du corps.

2 Enlevez la carapace. Vous pouvez laisser la queue pour faire une jolie présentation, si désiré.

3 À l'aide d'un couteau tranchant, faites une entaille sur le dos et retirez la veine intestinale. Tirez sur le filet noir à l'aide du couteau ou des doigts.

COMMENT TAILLER LES CREVETTES EN PAPILLON :
Pour tailler les crevettes en papillon avant de les faire griller, faites une entaille profonde le long de la courbe du dos. Ouvrez la crevette et aplatissez-la. On peut enduire ces crevettes de pâte et les faire frire.

LE CALIBRAGE DES CREVETTES

Le calibrage des crevettes est un renseignement important, car il détermine le nombre de pièces par kilogramme (par livre). Quand vous planifiez de servir des crevettes, rappelez-vous que 1 kg (2 lb) de crevettes crues entières donneront environ 500 g (1 lb) de chair décortiquée et nettoyée.

Géantes	jusqu'à 15 par 500 g (1 lb)	Moyennes	de 31 à 40 par 500 g (1 lb)
Extragrandes	de 16 à 20 par 500 g (1 lb)	Petites	40+ par 500 g (1 lb)
Grandes	de 21 à 30 par 500 g (1 lb)		

LES MOLLUSQUES

Les moules et les palourdes sont des bivalves. Il faut les acheter vivantes et fraîches. Les moules ont une coquille bleu noir luisante parfois couverte d'anatifes rugueuses. La barbe, une matière filamenteuse en saillie de la coquille, relie la moule aux parois. On cuit habituellement les moules à la vapeur dans un liquide assaisonné. Les moules agrémentent les soupes et les salades.

Il y a deux variétés de palourde. Les palourdes à coquille dure, notamment la palourde américaine (little neck et cherrystone), sont petites et agréables émincées dans des soupes et dans des sauces. Les palourdes à coquille molle comprennent les long neck, dont le col se projette hors de la coquille. Elles ont une texture plus délicate que les palourdes américaines. Plus souvent cuites à la vapeur, elles sont aussi délicieuses frites ou émincées dans les chaudrées.

Achetez les moules et les palourdes vivantes. Assurez-vous que la coquille est fermée ou qu'elle se ferme rapidement si vous la tapotez. Jetez toute moule qui ne ferme pas. Conservez les mollusques au réfrigérateur, couverts d'un linge humide, pendant une journée ou deux.

LES HUÎTRES ET LES PÉTONCLES

Il y a deux variétés d'huître : les huîtres locales, qu'on mange nature et qui portent un nom différent selon leur région d'origine, et les huîtres portugaises qui, malgré leur nom, proviennent du Pacifique. Ces dernières sont plus oblongues et ont une coquille plus rugueuse que les huîtres locales. On produit des huîtres dans des fermes piscicoles aux États-Unis. On les classe selon leur taille, bien que ce système de calibrage ne soit pas normalisé. La taille des huîtres de la côte est américaine varie d'extragrande, à grande, moyenne, petite et très petite.

Même si on les sert principalement nature dans leur coquille, il demeure possible de pocher les huîtres ou de les faire cuire au four. Elles entrent dans la composition des soupes, des ragoûts et des plats de poisson. On peut les réfrigérer, sur des algues et de la glace, jusqu'à une semaine.

On connaît les pétoncles géants et les petits pétoncles de baie. Ces deux variétés sont draguées de la mer. Elles sont aussi nettoyées en mer, car elles meurent rapidement hors de l'eau. Le corail en forme de croissant est souvent rejeté en mer. Par contre, il est fort apprécié dans certaines régions où on le mange avec la chair blanche et tendre du pétoncle.

OMMENT NETTOYER ET OUVRIR LES MOULES ET LES PALOURDES

e mettez pas les moules ni les palourdes dans de l'eau douce, car elles mourront.

1 À l'aide d'une brosse de cuisine rigide, brossez les coquilles des moules et des palourdes sous un jet d'eau froide. (Faites tremper les palourdes dans de l'eau de mer ou salée avec une grosse cuillerée de farine pour en dégager le sable.)

2 À l'aide d'un petit couteau tranchant, enlevez la barbe des coquilles.

3 Pour ouvrir, tenez le bout à charnière d'une main, dans une serviette. Au-dessus d'un bol, insérez un couteau à huîtres entre les deux parties de la coquille et glissez la lame le long de celles-ci afin de couper le muscle charnière.

4 Tournez le couteau de biais pour ouvrir la coquille. Avec la pointe de la lame, dégagez la chair de la moule ou de la palourde et laissez-la tomber dans le bol avec son liquide. Réfrigérez jusqu'à l'utilisation.

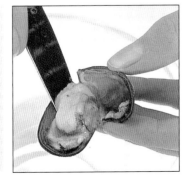

FAIRE CUIRE LES MOULES ET LES PALOURDES

Les moules sont savoureuses cuites à la vapeur avec un peu de vin, des aromates et du persil. Cette recette convient aux palourdes, mais le plus souvent, on les fait cuire à la vapeur avec du beurre fondu, ou encore on les enrobe d'une pâte pour les faire frire.

1 À la vapeur : mettez un peu de vin blanc sec, du fumet ou de l'eau dans une grande marmite avec 2 c. à thé de persil et d'autres assaisonnements, selon votre recette.

2 Ajoutez les moules ou les palourdes et amenez à ébullition. Faites cuire de 5 à 7 minutes, jusqu'à ce que toutes les coquilles soient ouvertes. Remuez fréquemment. Servez-les dans leur coquille avec le liquide de cuisson.

COMMENT OUVRIR LES HUÎTRES

Jetez tout morceau de coquille et rincez pour enlever la boue qui pourrait se trouver à l'intérieur. Il ne faut cependant pas laver à l'eau ni frotter les huîtres.

1 Tenez l'huître d'une main, dans une serviette épaisse, le côté plat contre votre paume. Insérez la pointe d'un couteau à huître près de la charnière, en tournant légèrement afin d'ouvrir la coquille.

2 Glissez la lame du couteau le long de la coquille supérieure afin de détacher le muscle. Jetez cette coquille. Passez la pointe de la lame autour de l'huître et dégagez le fond. Placez les huîtres avec leur coquille inférieure sur un lit de glaçons, ou versez-les dans un bol pour les intégrer à une préparation.

LE CALMAR

Le calmar, en italien *calamari*, a une texture ferme et spongieuse mais une saveur agréable. Le plus souvent, on le fait frire coupé en rondelles ou mijoter dans des sauces à l'italienne ou à la grecque. Le calmar entier peut être farci et cuit au four. Son encre sert à colorer les pâtes et les risottos. Le calmar est un ingrédient populaire de la cuisine japonaise. Il doit avoir une odeur fraîche et délicate. Conservez-le au réfrigérateur pendant au maximum trois jours. On trouve dans le commerce du calmar surgelé et prêt à frire. La plupart des calmars sont dépouillés. Il ne reste qu'à enlever le piquant.

Pour nettoyer le calmar, travaillez au-dessus d'un bol afin d'y recueillir l'encre. Tenez la tête fermement, puis arrachez le corps, de la tête, des tentacules et des entrailles. Jetez les entrailles. Gardez le sac d'encre si désiré. Réservez.

Enlevez et jetez le long piquant transparent. Dépouillez le calmar, rincez-le, puis asséchez-le.

Séparez la tête des tentacules et jetez-la. Rincez les tentacules et asséchez-les. Vous pouvez les couper ou les garder entières. Tranchez le corps en rondelles si vous le faites frire, ou laissez-le entier si vous le farcissez.

LE CALMAR ÉPICÉ

INGRÉDIENTS

250 à 375 g (1 à 1 1/2 tasse) de calmar paré
1 1/2 c. à soupe d'huile
1 oignon moyen, émincé
185 g (3/4 de tasse) de champignons frais, coupés en quatre
1 poivron vert, tranché
Flocons de piment rouge séchés, au goût
Pincée de sel
Pincée de sucre
Pincée de poudre d'ail (facultatif)

1 Nettoyez le calmar et incisez-le en diagonale. Taillez en morceaux. Préparez le reste des ingrédients et réservez.

2 Chauffez l'huile au wok à feu vif. Ajoutez l'oignon et le calmar. Sautez une minute, puis ajoutez les autres ingrédients. Mélangez bien. Servir avec du riz vapeur.

LA VOLAILLE ET LA VIANDE

Face à l'expansion rapide de l'élevage industriel et à l'utilisation d'hormones pour obtenir des viandes plus maigres, on observe un regain d'intérêt pour l'élevage traditionnel et biologique. L'expérience montre que les consommateurs exigent davantage, aujourd'hui, en matière de goût et de qualité. Tout le talent et les recettes les plus raffinées ne peuvent masquer le goût d'ingrédients de piètre qualité.

LA PRÉPARATION DE LA VOLAILLE ET DU GIBIER

Les oiseaux dits domestiques, élevés et engraissés pour la consommation, constituent la volaille, soit le poulet, la dinde, le canard, le poulet Rock Cornish, le pigeonneau, la pintade et l'oie. En général, la volaille se vend fraîche ou surgelée, entière ou en morceaux prêts à cuire. Achetez la volaille la plus fraîche possible, car elle se dégrade rapidement. Elle est aussi sujette à transmettre la salmonelle. Gardez-la au réfrigérateur en tout temps.

Assurez-vous de bien laver vos mains, les couteaux, les planches à découper et tout autre équipement qui aurait été en contact avec la volaille. Ne mettez jamais la volaille crue en contact avec d'autres aliments, cuits ou non. Décongelez complètement la volaille surgelée avant la cuisson.

On doit consommer la volaille fraîche un ou deux jours suivant l'achat. La date qui apparaît sur l'emballage est la date de vente finale recommandée. Dans les bonnes conditions, vous pourrez conserver la volaille plusieurs jours. Déballez la volaille et mettez-la dans une assiette. Couvrez sans serrer de papier d'aluminium ou de papier ciré ; réfrigérez. Pour surgeler, achetez la volaille la plus fraîche possible, enveloppez de pellicule plastique, puis mettez dans un sac de congélation. Décongelez la volaille au réfrigérateur la nuit précédant l'utilisation, soit 3 à 4 heures par 500 g (1 lb). Vous pouvez aussi tremper la volaille tout emballée dans l'eau froide. Changez l'eau souvent.

LA PRÉPARATION D'UNE VOLAILLE ENTIÈRE

Assurez-vous de toujours rincer la volaille avant sa cuisson ; asséchez en tapotant.

1 Retirez d'abord les abattis, souvent placés dans un sac en papier ou en plastique, et faites cuire un jour ou deux après l'achat. Enlevez les gros amas de gras autour du cou et de la cavité.

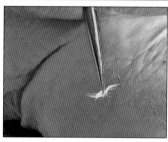

2 Enlevez les plumes qui restent sur la poitrine. Si vous voyez les articulations des cuisses, repliez-les dans la cavité, sous le bréchet.

COMMENT TROUSSER UN POULET ENTIER

Trousser, c'est-à-dire attacher, la volaille fait en sorte qu'elle garde sa forme durant la cuisson. Cela permet aussi une cuisson plus uniforme et une meilleure retenue de la farce, le cas échéant. On peut trousser la volaille à l'aide d'une grosse aiguille et de ficelle, ou avec de la ficelle de cuisine. Vous pouvez utiliser de petites broches à volaille. Assurez-vous d'enlever toute la ficelle ou toutes les broches avant de servir.

LA PRÉPARATION D'UNE VOLAILLE NON FARCIE :
1 Placez la volaille, poitrine vers le haut, sur une planche. Tirez fermement la peau par-dessus l'ouverture du cou et repliez-la sous la volaille. Repliez les ailes sous la carcasse afin de mieux tenir la peau du cou en place.

2 Poussez sur les cuisses vers le bas pour faire gonfler la poitrine. Si vous voyez les articulations des cuisses, repliez-les dans la cavité, sous le bréchet.

3 Si les articulations des cuisses sont coupées à la première jointure, rapprochez-les l'une de l'autre jusqu'à ce que les embouts se touchent et attachez-les ensemble. Coupez tout surplus de ficelle.

LA PRÉPARATION D'UNE VOLAILLE FARCIE :
1 Dépliez le bout des ailes. Remplissez la volaille par l'ouverture du cou, puis rabattez la peau par-dessus l'ouverture. Fermez bien à l'aide d'une broche pour retenir la farce. Repliez les ailes sous la volaille.

2 Si vous avez farci la cavité de la volaille, fermez l'ouverture à l'aide de broche à volaille. Utilisez autant de broches que nécessaires selon la taille de l'oiseau pour attacher la peau de part et d'autre de l'ouverture.

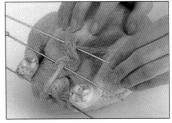

3 À l'aide de ficelle de cuisine, attachez les broches ensemble comme si vous laciez des chaussures. Attachez ensuite les cuisses ensemble (étape 2).

COMMENT COUPER LA VOLAILLE

Les volailles entières, telles que le poulet, le poulet Rock Cornish, le pigeonneau et d'autres gibiers se dépècent et s'aplatissent bien. C'est idéal pour les griller au four ou sur le barbecue. Passez une broche à travers afin de les garder à plat durant la cuisson et de les tourner plus facilement. La marinade ajoute saveur et tendreté aux·volailles dépecées.

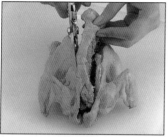

1 Coupez les pointes des ailes à la première jointure. Placez la volaille sur la planche à découper, poitrine vers le bas. Taillez de chaque côté de l'épine dorsale à partir de la queue, à travers la peau et la cage thoracique. Retirez l'épine dorsale et réservez pour faire un bouillon ou une soupe.

2 Retournez la volaille. Avec votre paume, pressez fermement sur le bréchet pour le casser et aplatir la volaille. Essuyez l'intérieur à l'aide d'un essuie-tout humide.

3 Repliez les ailes soigneusement sous la poitrine. Faites une petite entaille dans la peau entre l'arrière des cuisses et le bas du bréchet puis insérez-y le bout des cuisses. (On peut omettre cette étape quand on trousse la volaille, mais les broches donnent une belle forme à la volaille.)

4 Passez une longue broche à travers une aile, puis dans le dessus de la poitrine, et à travers l'autre aile. Passez une autre broche à travers une cuisse sans toucher à l'os, par la partie plus mince de la poitrine, et enfin à travers l'autre cuisse.

COMMENT DÉPECER LA VOLAILLE

Vous pouvez bien sûr acheter des coupes variées de volaille, mais il est plus économique d'acheter une volaille entière et de la dépecer. De cette façon, vous prélevez les morceaux que vous voulez et vous faites un délicieux bouillon à partir des os. La plupart des volailles et du gibier ont une charpente semblable. La méthode qui suit s'adapte donc à toutes les catégories. Pour couper la volaille en deux, retirez d'abord le bout des ailes, puis coupez de chaque côté de l'épine dorsale (page 104).

1 Avec des ciseaux de cuisine ou à volaille, ou un couteau tranchant, coupez à travers le bréchet et la fourchette ; la coupe se fera d'un côté puisque le bréchet est pointu. Vous obtenez deux demi-volailles prêtes pour le gril ou le barbecue.

2 Pour tailler quatre morceaux, mettez la volaille, poitrine vers le haut, sur une planche à découper. À l'aide d'un couteau tranchant, coupez à travers la peau entre la cuisse et le bréchet. La cuisse se détachera de la volaille.

3 Coupez jusqu'à la jointure, puis tordez la cuisse afin de casser la jointure et le tendon. Coupez à travers l'articulation en préservant le sot-l'y-laisse de l'épine dorsale.

4 Tenez le haut de la poitrine afin d'immobiliser la volaille. Coupez dans l'ouverture naturelle de la cage thoracique et retirez la viande de la carcasse. Séparez la poitrine du dos. Coupez à travers les articulations de chaque côté. Conservez les os pour faire du bouillon.

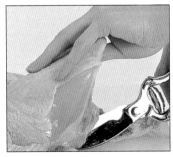

COMMENT DÉPECER LA VOLAILLE SUITE

5 Déposez la poitrine entière sur une planche à découper. Appuyez fermement sur le bréchet afin de le casser. Coupez à travers le bréchet et la fourchette. Vous avez alors quatre morceaux.

6 Vous pouvez aussi enlever les cuisses selon les étapes 2 et 3. Immobilisez la volaille sur une planche à découper, puis coupez le long du bréchet et de la cage thoracique jusqu'à l'articulation de l'aile ; coupez cette dernière.

7 L'étape précédente donne deux demi-poitrines désossées avec l'aile, soit quatre morceaux en tout.

8 Pour obtenir six morceaux, coupez chaque demi-poitrine en deux, en diagonale, en laissant une partie de la viande attachée à l'aile. Laissez un peu plus de viande sur l'autre morceau.

9 Pour obtenir huit morceaux, coupez les cuisses en deux à l'articulation, séparant le haut de la cuisse du pilon. Enlevez le surplus de peau ou de gras.

COMMENT DÉSOSSER LES POITRINES DE POULET ET DE DINDE

Les poitrines de poulet et de dinde se vendent entières ou aplaties. Vous pouvez facilement retirer les os vous-même.

1 Pour désosser la poitrine entière, enlevez d'abord le gras apparent et la peau. À l'aide d'un couteau à fine lame, coupez le long du bréchet. Plaçant le couteau à angle, continuez de couper le long de la cage thoracique et enlevez la viande en une seule étape. Faites de même pour l'autre partie. Vous obtenez deux demi-poitrines désossées sans peau.

2 Pour retirer la viande d'une poitrine en partie désossée, coupez d'abord l'articulation de l'aile. Réservez l'aile pour un bouillon. Enlevez la peau de la poitrine. Retournez la poitrine et, à petits coups de couteau, détachez la viande de l'os. Tirez sur l'os à mesure que vous le libérez.

3 Enlevez le long tendon blanchâtre qui court le long de la poitrine pour éviter que la poitrine s'enroule durant la cuisson. Dégagez une extrémité, puis tirez avec les doigts. Utilisez un couteau si nécessaire. Vous venez de préparer un suprême de poulet.

4 Dans le cas d'une poitrine de dinde entière à farcir, ne retirez pas la peau pour la désosser. Déposez la poitrine, côté peau en bas, sur la planche, et détachez la viande en grattant l'os de la cage thoracique jusqu'à la crête du bréchet. Faites de même de l'autre côté.

5 À l'aide d'un couteau, libérez le haut du bréchet de la poitrine. Retirez-le délicatement en le tirant vers l'ouverture du cou. Grattez la viande à l'aide d'un couteau, si nécessaire, en prenant soin de ne pas fendre la peau.

LA PRÉPARATION DES ESCALOPES

La poitrine de dinde donne de succulentes escalopes à cuisson rapide. Il faut couper à travers les fibres de la viande pour obtenir de longs morceaux qui cuiront sans rétréci ni se replier.

1 Désossez les poitrines. À l'aide d'un couteau placé à angle, coupez en diagonale de longues tranches d'environ 0,5 cm (1/4 de po) d'épaisseur.

2 Placez les morceaux entre deux feuilles de pellicule plastique. Amincissez-les à l'aide d'un maillet ou du fond d'un poêlon jusqu'à 0,3 cm (1/8 de po) d'épaisseur.

LA PRÉPARATION DES POITRINES FARCIES

Les poitrines de poulet ou de canard débordantes de farce produisent un bel effet.

Prenez une poitrine désossée. Coupez à l'horizontale dans la partie la plus épaisse de la poitrine. Faites une entaille profonde en prenant soin de ne pas couper complètement la viande. Farcissez selon la recette.

COMMENT FAIRE CUIRE ET DÉCOUPER LE POULET

Le poulet est l'oiseau le plus connu. On l'aime rôti, grillé au four, cuit sur le barbecue, sauté au poêlon ou frit. Ces méthodes de cuisson conviennent bien à la jeune et tendre volaille. Assurez-vous d'avoir la bonne température de cuisson afin d'obtenir une peau dorée et croustillante ainsi qu'une viande tendre et savoureuse.

Il existe plusieurs méthodes de cuisson à chaleur humide pour la volaille. Le braisage convient surtout aux oiseaux plus gros et plus vieux. Après avoir fait dorer les morceaux, on ajoute un mélange de vin, de bouillon et de légumes, et on fait mijoter le tout. Les ragoûts font aussi l'affaire pour les volailles plus âgées. Le coq au vin français est l'exemple parfait.

Le sauté est une méthode de cuisson indiquée pour la volaille jeune ou en morceaux. D'abord, faites dorer les morceaux de volaille dans du beurre ou de l'huile. Ajoutez un peu de liquide et laissez mijoter à feu doux. Une fois la viande cuite, retirez-la, puis réduisez le jus de cuisson ou épaississez la sauce.

Le pochage fonctionne très bien pour les volailles plus matures, même s'il convient aussi pour de petits morceaux plus tendres. On peut farcir la volaille ou non. Le cas échéant, assurez-vous de bien attacher le tout afin que la farce reste en place et que le liquide ne s'infiltre pas à l'intérieur.

LE TEMPS DE CUISSON DE LA VOLAILLE GRILLÉE

Les durées indiquées le sont à titre indicatif seulement. Vérifiez si la volaille est cuite après le temps minimum suggéré. Faites cuire à une distance de 10 à 15 cm (4 à 6 po) de la source de chaleur. Réduisez la température si la volaille dore trop vite.

Poulet rôti, coupé en deux	30 à 40 minutes
Jeune poulet, coupé en deux	25 à 30 minutes
Poulet Rock Cornish, coupé en deux	25 à 30 minutes
Pintade, coupée en deux	25 à 30 minutes
Pigeonneau, coupé en deux	20 à 25 minutes
Morceaux de poulet	30 à 35 minutes
Poitrine de poulet/de canard, désossée	10 à 12 minutes

LE RÔTISSAGE DE LA VOLAILLE

La volaille de grande taille, comme le chapon, la dinde et l'oie, devrait cuire à une température élevée au départ pour que la peau dore et devienne croustillante, puis à une température moyenne afin d'avoir une viande juteuse. Ne saupoudrez pas de fines herbes à l'extérieur de la volaille au début de la cuisson, car elles brûleront. Mis à part le canard et l'oie, on doit arroser la volaille de son propre jus durant la cuisson afin de conserver l'humidité.

1 Rincez la volaille, puis asséchez-la bien à l'extérieur et à l'intérieur. Avant de la trousser, dégagez délicatement la peau de la poitrine avec vos doigts.

2 Étalez du beurre ramolli travaillé avec des fines herbes, de l'ail ou du zeste de citron sur la viande de la poitrine et dans la cavité. Rabattez la peau du cou et troussez (pages 102 et 103). Étalez un peu plus de beurre (ou d'huile) sur la poitrine, au goût.

LE CANARD ET L'OIE : Troussez ces volailles sans ajouter de gras. Perforez légèrement la peau pour aider l'évacuation du gras. Répétez deux fois durant le rôtissage.

LE PETIT GIBIER :
1 Il faut badigeonner le petit gibier ou l'enrober de bacon afin d'éviter que sa viande maigre ne sèche durant la cuisson.

2 Déposez le gibier préparé, poitrine vers le haut, dans une rôtissoire. Le petit gibier à plumes doit avoir la poitrine vers le bas au début de la cuisson (cela retient le jus dans la poitrine).

3 Faites rôtir selon le temps de cuisson indiqué à la page 113 ou selon la recette. Couvrez de papier d'aluminium pour éviter de faire dorer trop rapidement. Après une demi-heure de cuisson, arrosez le gibier toutes les 10 à 15 minutes avec le jus de cuisson.

4 Déposez le gibier sur une planche à découper. Couvrez de papier d'aluminium et laissez reposer environ 15 minutes (plus longtemps si l'oiseau est plus gros) avant de le tailler. Confectionnez une sauce à partir du jus de cuisson, si désiré.

COMMENT DÉCOUPER UNE VOLAILLE ENTIÈRE

Le fait de laisser la volaille au repos avant de la découper permet aux jus de réintégrer la viande, ce qui donne une viande plus gonflée et juteuse. Placez la volaille sur une planche à découper qui retient le liquide et enlevez la ficelle ou les broches. Transvidez la farce dans un bol et gardez au chaud.

LE POULET :
À l'aide d'un long couteau (ou d'un couteau électrique), coupez la peau entre la poitrine et les cuisses. Passez à travers l'articulation. Tordez ensuite la cuisse pour la détacher du corps. Séparez le haut de la cuisse du pilon.

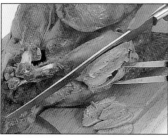

LA DINDE :
1 Pour découper la dinde, taillez d'abord la viande brune des pilons et disposez-la sur une assiette de service chaude. Taillez la viande brune de la cuisse ou laissez la cuisse intacte. Pour le poulet ou d'autres petites volailles, gardez les cuisses entières.

2 Insérez une fourchette à découper dans l'aile pour immobiliser la volaille, puis coupez sur le long des tranches de 0,3 à 0,5 cm (1/8 à 1/4 de po) d'épaisseur. Enlevez l'aile. Découpez l'autre moitié de la volaille. Présentez les tranches de poitrine et les ailes dans l'assiette de service, avec la viande brune.

Pour les volailles farcies, assurez-vous de préparer la farce à l'avance et de la laisser revenir à la température de la pièce.

3 Une autre méthode consiste à retirer la poitrine en un seul morceau, puis à la découper en tranches minces.

LE TEMPS DE CUISSON DES VOLAILLES

La température interne de cuisson devrait atteindre de 74 à 76 °C
(165 à 170 °F) au thermomètre à viande inséré dans la chair de la cuisse. Les
temps de cuisson suivants conviennent aux volailles sans farce. Allouez de
25 à 30 minutes de plus pour les volailles farcies.

TYPE DE VOLAILLE ET MASSE	TEMPÉRATURE DU FOUR	TEMPS DE CUISSON (en heures)
Poulet		
1,25 à 1,5 kg (2 1/2 à 3 lb)	190 °C (375 °F)	1 à 1 1/4
1,75 à 2 kg (3 1/2 à 4 lb)	190 °C (375 °F)	1 1/4 à 1 3/4
2 à 3 kg (4 à 6 lib)	190 °C (375 °F)	1 1/2 à 2 1/2
Chapon		
2,5 à 3,5 kg (5 à 7 lb)	160 °C (325 °F)	1 3/4 à 2
Dinde		
4 à 6 kg (8 à 12 lb)	190 °C (375 °F)	3 à 4
6 à 8 kg (12 à 16 lb)	160 °C (325 °F)	4 à 5
8 à 10 kg (16 à 20 lb)	160 °C (325 °F)	4 1/2 à 5
Plus de 10 kg (20 lb)	160 °C (325 °F)	5 à 6
Poitrine de dinde (entière)		
2 à 3 kg (4 à 6 lb)	160 °C (325 °F)	1 1/2 à 2 1/4
3 à 4 kg (6 à 8 lb)	160 °C (325 °F)	2 1/4 à 3 1/2
Pilon de dinde		
500 à 750 g (1 à 1 1/2 lib)	163 °C (325 °F)	1 1/4 à 1 3/4
Poulet Rock Cornish		
500 à 750 g (1 à 1 1/2 lib)	190 °C (375 °F)	1 à 1 1/4
Caneton entier		
1,75 kg (3 1/2 lb)	190 °C (375 °F)	1 1/4 à 2 1/2
Oie		
4 à 5 kg (8 à 10 lb)	170 °C (350 °F)	2 1/2 à 3
5 à 6 kg (10 à 12 lb)	170 °C (350 °F)	3 à 3 1/2
Pigeonneau		
375 à 435 g (12 à 14 oz)	190 °C (375 °F)	40 à 50 minutes

LA GRILLADE AU FOUR OU SUR LE BARBECUE

La grillade au four et la grillade sur le barbecue sont des méthodes de cuisson populaires pour la volaille. Les volailles en morceaux ou aplaties conviennent le mieux. Les faire mariner rehausse leur saveur et attendrit la viande, mais n'est pas indispensable.

1 Mettez les volailles aplaties ou les morceaux dans un plat en verre ou en acier inoxydable. Versez la marinade. Laissez mariner une heure ou toute la nuit. Chauffez le barbecue ou le gril du four. Tapissez une lèchefrite d'une feuille d'aluminium et placez-y les morceaux de volaille, ou mettez la volaille sur la grille du barbecue, huilée au préalable.

2 Grillez au four ou sur le barbecue à environ 10 à 15 cm (4 à 6 po) de la source de chaleur, environ 20 minutes pour les volailles aplaties et 10 minutes pour les morceaux. Retournez-les une fois et badigeonnez de marinade à mi-cuisson. (Si vous n'utilisez pas de marinade, badigeonnez d'un peu d'huile, salez et poivrez.)

LE SAUTÉ

La volaille est l'ingrédient de choix des sautés. Utilisez de petits morceaux tendres de taille égale pour une cuisson uniforme.

1 Préchauffez un wok ou un grand poêlon. Versez-y 1 à 2 c. à soupe d'huile. Enduisez bien le fond et les parois. Ajoutez les assaisonnements suggérés dans la recette (ail, gingembre ou ciboules). Sautez 30 secondes.

2 Déposez les morceaux de volaille et la marinade dans le wok; sautez pour colorer la viande, soit de 1 à 2 minutes.

3 Ajoutez le reste des ingrédients et suivez la recette.

COMMENT FRIRE LE POULET

Le poulet frit, avec sa panure dorée croustillante et sa viande tendre et juteuse, constitue un mets savoureux. Asséchez bien le poulet, car l'humidité fait éclabousser l'huile. Enrobez les morceaux de poulet de pâte à frire ou de chapelure, au goût.

1 Préchauffez un mélange de beurre et d'huile dans un grand poêlon épais, à feu moyen. Ajoutez les morceaux de volaille, la peau en premier, quelques morceaux à la fois seulement.

2 Tournez les morceaux dans l'huile pour les faire dorer de tous les côtés jusqu'à cuisson complète. Prévoyez au moins 25 minutes. Retirez les poitrines avant les cuisses et les pilons, car elles cuisent plus vite. Égouttez sur des essuie-tout.

LA GRANDE FRITURE :

1 Passez les morceaux de poulet dans la farine, puis dans un mélange d'œuf battu et de lait. Enrobez-les de farine assaisonnée, de farine de maïs ou de chapelure. Réfrigérez 20 minutes pour faire prendre l'enrobage. Pour la pâte à frire, trempez les morceaux dans le mélange, puis mettez-les dans l'huile chaude.

2 Remplissez une friteuse ou une casserole profonde de 7,5 à 10 cm (3 à 4 po) d'huile. Chauffez à feu moyen ou vif à 190 °C (375 °F); à cette température, du pain dore en moins d'une minute. À l'aide de pinces ou d'une spatule, déposez les morceaux de poulet avec soin dans l'huile. Ne surchargez pas la friteuse, car l'huile refroidira. Faites frire de 25 à 30 minutes, jusqu'à doré, en tournant les morceaux pour une cuisson uniforme.

3 Égouttez sur un essuie-tout. Mettez le poulet dans le four pendant que vous préparez les autres morceaux.

LE BRAISAGE

Le braisage est le terme qui désigne la cuisson dans une marmite avec couvercle. En général, on fait dorer la volaille entière de tous les côtés, puis on la fait cuire dans son jus de cuisson ou un peu de bouillon, avec des légumes – oignons, pommes de terre et carottes. On peut farcir la volaille. Dans ce cas, il faut bien l'attacher.

1 Chauffez 2 à 3 c. à soupe d'huile végétale dans une casserole épaisse qui peut contenir la volaille et les légumes. Faites dorer la volaille de tous les côtés.

2 Ajoutez environ 250 ml (1 tasse) de bouillon, des assaisonnements – feuille de laurier, tige de thym frais – puis des légumes. Amenez à ébullition à feu moyen-vif. Couvrez et transférez dans un four préchauffé à 180 °C (350 °F).

3 Faites cuire pendant 1 1/4 heure jusqu'à cuisson complète. Le jus de cuisson sera clair. Les cuisses se détacheront facilement.

Déposez la volaille délicatement sur une planche à découper. Enlevez la ficelle. Transvidez la farce dans un bol à la cuillère. Entre-temps, faites réduire le jus de cuisson et grattez le fond de la casserole. Passez la sauce sur la volaille ou servez-la en saucière.

LE GIBIER : il faut prendre soin de ne pas assécher la viande. Pour rôtir, enveloppez la volaille de lard ou de bacon.

LE CHOIX ET LA PRÉPARATION DE LA VIANDE

Achetez les bonnes coupes de viande ; les morceaux plus petits – steaks et côtelettes – doivent avoir une épaisseur uniforme pour cuire de façon égale. La couleur doit être claire sans être vive, sans trace de gris ou de jaune ni de bords séchés. Le bœuf doit présenter de légères marbrures de gras ; le gras externe, d'un blanc crémeux, sera ferme avec une texture cireuse. Toutes les viandes doivent sentir bon et paraître humides. Un gras jaunâtre indique un manque de fraîcheur.

Choisissez la coupe appropriée à la méthode de cuisson. Les morceaux tendres – longe, filet ou selle (le dos de l'animal) – requièrent une cuisson à chaleur sèche : rôtissage, grillade ou friture. Les coupes plus coriaces provenant de la croupe, des flancs ou du poitrail conviennent mieux au braisage, une méthode de cuisson à chaleur humide.

En règle générale, prévoyez de 170 à 200 g (6 à 7 onces) de viande désossée par personne, et pour la viande avec les os, comme la côte de bœuf, de 250 à 375 g (8 à 12 onces) par personne. S'il y a beaucoup d'os, comme dans les côtes levées, calculez 500 g (1 lb). Les portions demeurent un choix personnel.

Placez la viande dans la partie la plus froide du réfrigérateur, à une température de -1 à 0,5 °C (30 à 35 °F). Couvrez les morceaux sans serrer pour ne pas stimuler la formation de bactéries. Rangez les viandes préemballées telles quelles. Ne laissez jamais la viande toucher d'autres aliments, crus ou cuits. Les plus gros morceaux se conservent plus longtemps ; le bœuf et l'agneau se gardent plus longtemps que le porc et le veau. Consommez le bœuf haché préemballé dans les deux jours suivant l'achat, et en un jour si non emballé. Décongelez la viande au réfrigérateur la nuit, jamais à la température de la pièce ou sous l'eau froide du robinet.

Toutes les viandes hébergent des bactéries, qui prolifèrent à la température de la pièce. Elles peuvent dégrader la viande. La réfrigération ralentit ce processus et la congélation l'arrête, mais elles se multiplient de nouveau lors de la décongélation. La cuisson à chaleur vive les tue, mais il peut en rester dans les viandes légèrement cuites. Les femmes enceintes, les enfants, les personnes âgées et les personnes atteintes d'affections graves ne doivent pas consommer de viandes crues ou légèrement cuites.

Lavez toujours vos mains, les couteaux, les planches à découper et tout autre ustensile utilisé avec de la viande crue ou cuite. Idéalement, faites cuire complètement la viande pour détruire toutes les bactéries. Emballez les restes cuits et réfrigérez rapidement.

LA PRÉPARATION DE LA VIANDE

Les viandes achetées à la boucherie ou au supermarché requièrent parfois une préparation avant la cuisson. De façon générale, enlevez le plus de gras extérieur possible. Avec un couteau tranchant, coupez toute couenne ou tout gras de la surface de la viande. Vous pouvez laisser une mince couche de 0,3 cm (1/8 de po) sur les coupes à rôtir. Laissez un peu de gras autour des steaks ou des côtelettes, mais entaillez-le à 1,5 cm (1/2 po) d'intervalle pour empêcher que la viande roule sur elle-même durant la cuisson. Si vous enlevez le gras sur les cartilages et les os, enveloppez-les de papier d'aluminium pour les protéger. Coupez également tout tendon ou tissu conjonctif coriace ; pour ce faire, glissez la lame d'un couteau sous la viande et détachez.

COMMENT ÉCHINER UN GROS MORCEAU DE VIANDE : Enlevez ou dégagez l'épine dorsale là où elle s'attache aux côtes. Toute coupe comme la côte de bœuf, le rôti de longe ou le carré d'agneau requiert une scie de boucher. Demandez à votre boucher d'échiner votre viande. Les coupes vendues en supermarché sont déjà échinées. Vous pouvez enlever l'échine complètement.

COMMENT BARDER UN RÔTI : Cette technique vise surtout à protéger les gros morceaux de viande qu'on met à rôtir. Recouvrez la viande (ou le gibier) de minces tranches de gras de bœuf ou de porc, ou de bacon. Attachez le tout avec de la ficelle. À la cuisson, le gras ou le bacon fond et mouille la viande. Retirez le gras et jetez-le avant le service. Servez le bacon croustillant avec la viande si vous le désirez.

ÉVITEZ les planches à découper en bois difficiles à nettoyer et à désinfecter. Préférez les planches blanches non poreuses que vous pouvez brosser à l'eau chaude et désinfecter ou mettre au lave-vaisselle.

COMMENT FICELER UN MORCEAU DE VIANDE DÉSOSSÉ :
Vous pouvez acheter de gros morceaux de viande désossés faciles à farcir ou à tailler. Il faut bien attacher ces morceaux avant la cuisson. Après l'avoir recouverte de farce ou d'assaisonnements, roulez la viande. Passez une ficelle à 2,5 cm (1 po) d'intervalle avant de mettre la viande à rôtir ou à braiser.

COMMENT ATTENDRIR LA VIANDE

On peut attendrir la viande en la martelant, en l'entaillant ou en la faisant mariner. Ces techniques agissent sur les fibres de la viande, rehaussent leur tendreté et donnent de la saveur.

LES ESCALOPES DE VEAU ET LES STEAKS MINCES :
1 Pour marteler les escalopes de veau ou les steaks minces, étendez la viande entre deux feuilles de pellicule plastique ou de papier ciré. Martelez avec un maillet, un rouleau à pâtisserie ou un poêlon lourd.

2 Avec un couteau tranchant, faites des entailles en forme de losange sur la viande. Cette technique permet de découper plusieurs couches de fibres tenaces.

Les marinades sont parfois cuites, parfois non cuites. À la base, il s'agit d'un mélange d'huile, d'un acide, comme le vinaigre, le jus de citron ou de limette, et de fines herbes et d'assaisonnements. L'acide attendrit la viande et l'huile agit comme lubrifiant. Les fines herbes donnent de la saveur. Laissez les marinades cuites refroidir complètement avant d'y mettre la viande.

COMMENT COUPER LES FILETS DE BŒUF

COMMENT COUPER UN FILET ENTIER :
Repliez les bouts amincis sous la viande ou coupez la viande de 10 à 12 cm (4 à 5 po) des bords afin d'obtenir une forme facile à travailler. Récupérez les bouts pour faire des brochettes ou un bœuf à la Stroganov. Bardez la viande et attachez-la, au besoin.

COMMENT COUPER LES STEAKS :
Coupez les bouts comme indiqué ci-contre. Commencez dans la partie épaisse (le cou) et coupez quatre tranches de 4 cm (1 1/2 po). Ce sont les tournedos ou filets mignons. Coupez la section du centre en deux morceaux de 12,5 cm (5 po), le chateaubriand (qui doit cuire à feu vif). Coupez le reste de la viande en petits filets de 2,5 cm (1 po).

1 Enlevez le plus de gras possible, puis retirez le muscle central qui parcourt l'intérieur de la viande. Utilisez-le dans les ragoûts ou passez-le au hachoir.

2 Enlevez toute couche grisâtre ou tout tissu coriace qui entoure la viande. Glissez la pointe d'un couteau sous cette couche et retirez-la en grattant et préservant la viande.

COMMENT COUPER LA VIANDE À RAGOÛT

Pour faire des cubes de viande, choisissez un gros morceau dans le paleron ou un steak à braiser. Enlevez le plus de gras possible. Coupez la viande en cubes de 5 cm (2 po).

OMMENT DÉSOSSER UN FILET D'AGNEAU À RÔTIR

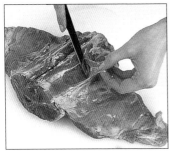

1 Pour désosser un filet ou une selle (filet double) d'agneau à rôtir, placez le filet nettoyé, la peau vers le haut, sur une surface de travail. Coupez la gaine (le tissu coriace) qui entoure la viande. Enlevez le gras de la surface à environ 0,5 cm (1/4 de po).

2 Tournez le filet ou la selle, puis recommencez.

3 En commençant par le centre de l'épine dorsale, glissez le couteau entre les filets et les os des côtes. Détachez la viande des os, mais laissez-la attachée aux flancs. Continuez jusqu'au nettoyage complet de la cage thoracique, d'un côté puis de l'autre.

4 Glissez le couteau sous l'épine dorsale et les côtes, en détachant la viande des os.

5 Détachez la viande de l'épine dorsale avec vos mains, laissant les filets intacts.

6 Tournez les deux flancs vers le centre. Attachez le rôti avec de la ficelle de boucher à 2,5 cm (1 po) d'intervalle. La viande est prête à rôtir.

COMMENT COUPER LES ESCALOPES DE VEAU

L'escalope est la coupe de veau la plus populaire. La meilleure escalope provient du bout du filet de la cuisse. On peut aussi la couper dans la meilleure partie du cou ou de l'épaule.

1 Retirez tout le gras et les tendons d'un filet de cuisse d'au moins 12,5 cm (5 po) de large. À l'aide d'un long couteau tranchant, coupez la viande en diagonale en tranches de 0,3 à 0,5 cm (1/8 à 1/4 de po) d'épaisseur.

2 Mettez une tranche entre deux feuilles de pellicule plastique. Aplatissez et attendrissez les filets en prenant soin de ne pas perforer ni briser la viande.

COMMENT COUPER DES MÉDAILLONS DANS UN FILET

1 Pour couper des médaillons dans un filet d'agneau ou de porc, retirez la viande, en coupant le long de l'épine dorsale et des côtes. Retirez l'os. Taillez le filet uniformément, en y laissant une mince couche de gras. Roulez le filet et attachez-le avec de la ficelle.

2 À l'aide d'une ficelle comme étalon, coupez le filet en petits médaillons de 2 à 2,5 cm (3/4 à 1 po) d'épaisseur.

COMMENT DÉSOSSER, ROULER ET COUPER UN GIGOT D'AGNEAU EN PAPILLON

Désosser partiellement le gigot d'agneau facilite le dépeçage de la viande cuite ; le désosser complètement permet de le farcir, de le rouler ou de le couper en papillon, c'est-à-dire ouvert à plat, pour le faire griller, rôtir au four ou cuire au barbecue. Retirez la gaine et la majeure partie du gras externe. Pour enlever l'os pelvien, comprenant la culotte et l'os de la hanche, placez le gigot sur une planche à découper avec l'os pelvien vers le haut.

1 À l'aide d'un couteau à désosser tranchant, coupez autour du joint coxo-fémoral entre le bassin et l'os principal de la cuisse. Dégagez la viande. Coupez complètement autour de l'os pelvien et enlevez l'os.

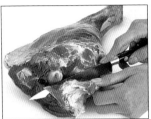

2 Coupez la viande le long de l'os du gigot, du haut de la cuisse jusqu'à l'articulation du genou. Avec de petits mouvements rapides et saccadés, détachez la viande tout autour de l'os.

3 Continuez de couper la viande le long du jarret afin de libérer l'os. Soulevez l'os et coupez autour de l'articulation du genou afin de dégager complètement la viande. Retirez le plus de tendons possible en grattant et en les séparant de la viande.

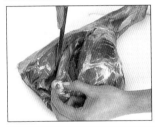

COMMENT ROULER LA VIANDE À RÔTIR :
Assaisonnez la viande. Si désiré, étalez une farce au centre. Roulez soigneusement en poussant bien la petite extrémité à l'intérieur. Attachez à 2,5 cm (1 po) d'intervalle. Le gigot désossé est prêt à rôtir.

COMMENT COUPER LE GIGOT EN PAPILLON :
Déposez la viande à plat sur la surface de travail, l'os vers le haut. Tenant le couteau parallèle à la viande, faites une entaille profonde pour obtenir deux morceaux d'épaisseur égale. Coupez le gras et les tendons. Pour garder la viande à plat durant la cuisson, insérez deux ou trois broches en métal à travers les parties les plus épaisses. La viande se retournera plus facilement.

LA CUISSON À CHALEUR SÈCHE

Il y a deux grandes méthodes de cuisson : la chaleur sèche et la chaleur humide. Avec la chaleur sèche, on peut rôtir, griller, cuire au four, sauter au poêlon et frire. Les aliments ainsi cuits ont une saveur plus riche, causée par le brunissement qui caramélise les sucs naturels des viandes ou autres aliments. La cuisson à chaleur sèche consiste à appliquer de la chaleur directement ou indirectement.

COMMENT RÔTIR LA VIANDE : LA CÔTE DE BŒUF DE PREMIER CHOIX AU JUS

La chaleur intense du four est idéale pour les coupes tendres de la plupart des viandes. Vous pouvez barder ou faire mariner les viandes maigres. Amener la viande à la température de la pièce avant le rôtissage permet une cuisson uniforme. Faites cuire les plus petits morceaux, tels les carrés d'agneau ou les filets de bœuf, à chaleur vive pour une plus belle couleur en surface. Les gros morceaux cuisent mieux et rétrécissent moins s'ils cuisent à une température moyenne constante.

INGRÉDIENTS

Côte de bœuf premier choix à 3 côtes, échinée, d'environ 5 kg (10 lbs)
Sel et poivre fraîchement moulus
1 gros oignon en quartiers
2 carottes, coupées en morceaux de 5 cm (2 po)
1 branche de céleri, coupée en morceaux de 5 cm (2 po)
375 ml (1 1/2 tasse) de bouillon de bœuf

1 Préchauffez le four à 180 °C (350 °F). Enduisez la plaque à rôtir d'huile, puis badigeonnez la côte de bœuf avec l'huile qui reste. Salez et poivrez.

2 Mettez les légumes coupés sur la plaque à rôtir et déposez la viande par-dessus, le côté gras vers le haut. Faites rôtir le bœuf 20 minutes par 500 g (1 lb) de viande jusqu'à une température de 57 °C (135 °F) au thermomètre à viande, soit une cuisson saignante-à point.

3 Transférez la viande sur une planche à découper et couvrez de papier d'aluminium. Laissez reposer de 15 à 20 minutes.

LA SAUCE AU JUS AU POÊLON

1 Pour préparer une sauce au jus, retirez tout le gras du poêlon sauf 2 c. à soupe. Chauffez le poêlon à feu moyen-vif. Une fois l'ébullition atteinte, saupoudrez le gras de farine. À l'aide d'une cuillère de bois, grattez le fond du poêlon jusqu'à l'obtention d'un roux homogène.

2 Ajoutez graduellement du bouillon en brassant constamment jusqu'à la formation d'une sauce lisse. Amenez à ébullition, salez et poivrez, puis laissez mijoter environ 5 minutes. Passez la sauce dans une saucière et gardez au chaud.

LA VÉRIFICATION DE LA CUISSON

Les gros rôtis continuent de cuire environ dix minutes après leur sortie du four.

L'UTILISATION D'UN THERMOMÈTRE À VIANDE :

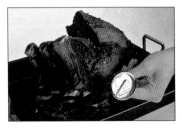

Insérez un thermomètre à viande dans la partie la plus renflée de la viande. Assurez-vous de ne pas toucher l'os. L'os conduit la chaleur plus vite et faussera la lecture de la température. Il faut insérer le thermomètre adéquatement pour qu'il fonctionne bien.

Pour les viandes rouges, les rôtis ou les côtelettes, insérez le thermomètre au centre de la partie la plus épaisse, sans toucher l'os, le gras et le cartilage.

Pour la volaille, insérez le thermomètre dans la cuisse, près de la poitrine de l'oiseau, sans toucher l'os.

Pour le bœuf et la volaille hachés, insérez le thermomètre dans la partie la plus épaisse ou de côté dans le cas de galettes minces.

COMMENT TAILLER UNE CÔTE DE BŒUF

Il faut laisser reposer tous les rôtis dans un endroit tiède avant de les découper, sous une tente de papier d'aluminium pour les garder chauds. Ce temps de repos permet à la viande de réabsorber son jus. Autrement, elle le perdrait lors du découpage. L'outil idéal est une grande planche à découper qui recueille le liquide. Les pièces de viande varient, mais on doit toujours les tailler contre la fibre. Plus la viande est tendre, plus les tranches peuvent être épaisses.

1 Maintenez la viande en place à l'aide d'une fourchette à découper et tranchez horizontalement le long des côtes afin de dégager la viande.

2 Placez la viande avec l'os contre la planche et coupez des tranches minces ou épaisses en diagonale. Vous pouvez aussi tailler entre les côtes et garder un os toutes les deux tranches.

TEMPS DE RÔTISSERIE DES VIANDES

Les temps de cuisson indiqués ci-dessous tiennent compte d'une cuisson à 230 °C (450 °F) pendant 15 minutes, puis à 180 °C (350 °F). Une température modérée et constante convient mieux aux gros rôtis.

VIANDE	CUISSON	THERMOMÈTRE À VIANDE	MIN. PAR 500 g (1 lb)
Bœuf	Saignant	50–52 °C (125–130 °F)	12–15
	À point	55–57 °C (135–140 °F)	15–18
	Bien cuit	60–62 °C (145–160 °F)	18–20
Veau	Bien cuit	62 °C (160°F)	18–20
Agneau	Saignant	52–55 °C (130–135 °F)	15–00
	À point	57–60 °C (140–145 °F)	15–18
	Bien cuit	62 °C (160 °F)	18–20
Porc	Bien cuit	62–67 °C (160–165 °F)	20–25

COMMENT DÉCOUPER LE CARRÉ D'AGNEAU

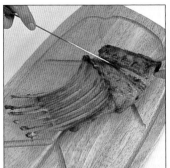

1 Déposez la viande sur une planche à découper, l'épine dorsale vers la gauche. Retirez l'os échiné.

2 Tenez le carré avec les côtes vers le haut et taillez soigneusement entre chaque côte à l'aide d'un couteau tranchant.

COMMENT DÉCOUPER LE GIGOT D'AGNEAU

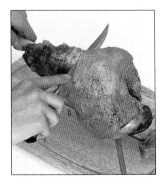

1 Mettez la viande sur une planche à découper, le jarret vers la gauche. Coupez quelques tranches du bord mince, puis placez le gigot à plat sur la planche pour mieux le stabiliser.

2 À partir du bout du jarret, coupez le long de l'os du gigot jusqu'à l'autre extrémité. Tenez le couteau parallèle à l'os. Coupez sous les tranches pour détacher la viande.

LA FRITURE AU POÊLON ET LE SAUTÉ

La friture au poêlon et le sauté sont des méthodes de cuisson à chaleur sèche à découvert et avec peu de gras. Comme il convient pour la cuisson à chaleur sèche, choisissez des morceaux tendres comme les steaks, les escalopes, les tranches de foie et le bœuf haché. Utilisez un poêlon épais et de l'huile ou du beurre clarifié (le beurre complet pourrait brûler). Faites cuire à feu plus doux et avec moins d'huile pour les sautés. Après la cuisson, vous pouvez déglacer le poêlon et faire une sauce simple.

1 Préchauffez 2 c. à soupe d'huile ou d'un mélange d'huile et de beurre dans un poêlon épais, assez grand pour contenir la viande, à feu moyen-vif. Assaisonnez la viande, puis mettez-la dans le poêlon.

2 Faites frire jusqu'à ce qu'un côté soit doré, puis retournez la viande. Pour les côtelettes de porc et les viandes qui doivent cuire complètement, abaissez le feu à mi-cuisson. Cela empêche la viande de brûler.

3 Le temps de cuisson dépend de l'épaisseur de la viande et de la température de cuisson. Appuyez doucement sur la viande ; plus la viande est cuite, plus elle offre de résistance au toucher.

COMMENT DÉGLACER LES FONDS DE POÊLON

La viande libère un jus savoureux durant la friture au poêlon. Ce jus forme de petits dépôts dans le fond. L'ajout de vin, d'alcool, de vinaigre, de crème, de bouillon ou d'eau permet de faire dissoudre ces dépôts. C'est le déglaçage. Il s'agit d'un moyen facile et rapide de préparer une sauce simple, d'ajouter de la saveur aux ragoûts et de confectionner une sauce au jus pour les rôtis.

1 Retirez la viande cuite du poêlon et gardez-la au chaud. Inclinez légèrement le poêlon et dégraissez, c'est-à-dire enlevez le plus de gras possible à l'aide d'une cuillère. Ajoutez les ingrédients indiqués dans la recette tels ail, échalotes, oignons ou champignons, et brassez.

2 Remettez le poêlon sur le feu et ajoutez le liquide indiqué dans la recette. Amenez à ébullition. Brassez pour faire décoller tous les dépôts du fond du poêlon.

3 Laissez mijoter de 1 à 2 minutes ou jusqu'à épaississement. Ajoutez les autres ingrédients selon la recette et assaisonnez. Servez sur la viande frite ou sautée.

LE SAUTÉ

Il ne faut pas confondre le sauté avec la grillade au poêlon. Le sauté consiste à faire brunir de la viande dans de l'huile ou du beurre, puis à la couvrir pour la laisser cuire doucement dans son jus. Les côtelettes et les filets de porc, les escalopes de veau ainsi que d'autres morceaux de veau ou d'agneau sont des pièces juteuses idéales pour les sautés. Il faut tailler la viande en morceaux de taille égale. On peut les enfariner et les assaisonner. Ajoutez un peu de liquide à la fin de la cuisson pour déglacer, sans couvrir la viande.

1 Retirez le gras et le tissu conjonctif du filet de porc ou d'autres viandes. Tenez un couteau à angle et coupez le filet en 4 ou 6 morceaux égaux. Salez, poivrez et enfarinez légèrement.

2 Préchauffez 2 à 3 c. à soupe d'huile végétale, d'un mélange d'huile et de beurre ou de beurre clarifié dans un poêlon épais, à feu moyen. Ajoutez les morceaux de viande sans les serrer et faites-les brunir de tous les côtés. Couvrez le poêlon durant cette étape.

3 Égouttez le surplus de gras. Selon la recette, ajoutez des légumes comme des petits oignons, des tomates ou des courgettes. Couvrez le poêlon et laissez mijoter jusqu'à ce que les légumes soient tendres. Remuez le poêlon souvent ou retournez les légumes pour une cuisson égale.

4 Quand la viande se sépare facilement, déglacez le poêlon (page 129) avec environ 125 ml (1/2 tasse) de liquide tel que du vin, du bouillon ou de la crème, selon la recette. Assaisonnez avant de servir.

LA GRILLADE

La grillade met l'aliment en contact direct avec la chaleur (flamme, élément de grillage). Privilégiez la viande tendre et bien marbrée de grande qualité. Laissez un peu de gras à l'extérieur afin de préserver l'humidité de la viande, mais pas trop, car il peut s'enflammer. Enlevez le plus de tissu conjonctif possible, car il fait durcir la viande. Dans le cas du porc ou du veau, faites cuire à une chaleur moins intense ou plus loin de la source de chaleur afin de permettre à la viande de bien cuire. Faire mariner et badigeonner la viande maigre durant la cuisson préserve aussi son humidité. N'assaisonnez pas les viandes juste avant leur cuisson; le sel fait sortir le jus. Préchauffez l'élément de grillage du four ou le barbecue. Tapissez le plat à grillades de papier d'aluminium afin de faciliter le nettoyage. Si vous avez fait mariner la viande, asséchez-la bien.

1 Mettez la viande sur le plat à grillades, badigeonnez d'un peu d'huile, puis salez et poivrez.

2 Placez le plat à grillades à 7,5 à 10 cm (3 à 4 po) de l'élément de grillage. Placez la grille du barbecue à 10 à 15 cm (4 à 6 po) au-dessus de la source de chaleur. Faites cuire de 3 à 4 minutes jusqu'à ce que la viande soit bien dorée. À l'aide de pinces, tournez la viande et faites cuire au goût. Servez avec du beurre assaisonné.

POUR DES COUPES ÉPAISSES :
Dans le cas du Chateaubriand ou des gigots d'agneau en papillon, réduisez la température du four ou remontez la grille du barbecue pour finir la cuisson après que l'extérieur a doré. Si vous préférez, transférez la viande dans un four préchauffé pour terminer la cuisson.

LA CUISSON AU WOK

La cuisson au wok s'inspire d'une méthode de cuisson chinoise. Le wok est un grand poêlon bombé qui permet de remuer les aliments afin d'assurer une cuisson égale et rapide. On remue les aliments à l'aide d'une spatule évasée, d'une cuillère de bois ou de baguettes de bois. Il faut préparer les ingrédients à l'avance. Taillez la viande et les légumes en fines lanières ou en dés.

1 Coupez la viande en fines lanières ou en dés. Faites mariner quelques minutes dans une marinade à l'orientale, au goût.

2 Préchauffez le wok ou une poêle sans huile à feu moyen-vif. Versez-y l'huile et enduisez bien le wok.

3 Quand l'huile est chaude, mais non fumante, ajoutez tous les ingrédients de la recette par petites portions. Ne surchargez pas le wok ; la nourriture cuirait à la vapeur au lieu de frire. Il faut parfois retirer un ingrédient pour en faire cuire d'autres.

4 Une fois tous les ingrédients cuits, ajoutez la sauce ou le liquide indiqué dans la recette. Laissez mijoter, puis épaissir. Remettez tous les ingrédients dans le wok et mélangez pour les enrober de sauce. Servez.

LA CUISSON À CHALEUR HUMIDE

La cuisson à chaleur humide utilise l'humidité et la chaleur pour cuire la viande. Mijoter longtemps à feu doux attendrit les pièces de viande plus coriaces et donne de la saveur. Le liquide de cuisson sert en général à faire une sauce, entre autres dans le pot-au-feu ou la pointe de poitrine. Omettez le sel avec les viandes déjà salées ou en saumure telles que le jambon ou le corned-beef, et n'utilisez pas le liquide pour la sauce. La cuisson dans un liquide enlève parfois leur goût salé aux viandes. La cuisson à chaleur humide produit des viandes bien cuites. Vérifiez la cuisson à l'aide d'une fourchette. Si la viande se détache facilement, elle est cuite. La viande sera dure et difficile à mâcher si elle n'est pas assez cuite, et plutôt filandreuse si elle est trop cuite.

LE BRAISAGE

Les viandes braisées sont d'abord dorées, puis elles cuisent dans un liquide qui sert de base à la sauce. Cette longue cuisson à chaleur humide attendrit la viande. Le braisage est courant pour la cuisson des rôtis de porc.

1 Chauffez l'huile à feu moyen-vif dans un faitout ou une grande marmite munie d'un couvercle hermétique. Ajoutez la viande et faites-la dorer de tous les côtés. Déposez la viande dans une assiette. Faites dorer les oignons et tous les autres légumes en remuant. Ajoutez du liquide, comme une sauce tomate ou du vin, des fines herbes et autres assaisonnements. Mélangez bien.

2 Remettez la viande dans la marmite, couvrez hermétiquement et amenez à ébullition. Mettez à feu doux et laissez mijoter 1 1/2 à 2 heures, selon la taille du morceau de viande. Si vous préférez, mettez la marmite au four à 160 °C (325 °F) pendant 1 1/2 ou 2 heures. Arrosez la viande de temps à autre. Déposez la viande cuite sur une planche à découper. Passez le liquide, dégraissez la sauce, assaisonnez-la et faites-la épaissir. Coupez la viande en tranches, en diagonale, et servez-la avec la sauce.

LA CUISSON EN RAGOÛT OU À L'ÉTOUFFÉE : RAGOÛT DE BŒUF AU VIN ROUGE

Cette technique de cuisson ressemble au braisage, à la différence qu'on prépare les ragoûts avec du vin et de petits cubes de viande. Les ragoûts sont bruns ou blonds : un ragoût brun suppose qu'on fait brunir la viande avant de la mettre à mijoter dans le liquide. Les ragoûts blonds incluent la fricassée, dans laquelle on saisit la viande dans l'huile sans la brunir avant d'ajouter le liquide, et la blanquette, faite d'une viande blanchie au préalable. Ces deux mets ont une teinte blanchâtre.

On utilise à peu près les mêmes coupes, bien parées, pour les ragoûts et le braisage. Un bouillon goûteux donnera une sauce riche et savoureuse. Les viandes rouges telles que le bœuf, l'agneau ou le gibier se prêtent bien aux ragoûts, alors que les viandes blanches comme le veau, le porc et le poulet conviennent aux fricassées et aux blanquettes. Du célèbre bœuf bourguignon aux délicieuses tagines marocaines, chaque cuisine a un ragoût classique dans son répertoire.

INGRÉDIENTS

125 g (4 oz) de bacon coupé épais ou
    de porc salé maigre, en dés
1,75 kg (3 1/2 lb) de bœuf à ragoût
    maigre, de préférence dans le
    paleron, en cubes de 5 cm (2 po)
1 oignon, haché
1 carotte, hachée
3 c. à soupe de farine
750 ml (3 tasses) de vin rouge corsé
2 c. à soupe de purée de tomate
Gros bouquet garni (page 10)
750 ml (3 tasses) de bouillon de bœuf
    riche
Sel et poivre
2 c. à soupe de beurre
375 g (1 1/2 tasse) de petits oignons
375 g (1 1/2 tasse) de champignons,
    coupés en deux au besoin
2 c. à soupe de persil frais, ciselé

1 Mettez le bacon ou le porc salé dans un faitout ou une grande marmite, à feu moyen-vif. Remuez de temps en temps. Faites cuire le bacon ou le porc salé jusqu'à ce qu'il soit croustillant et doré. Retirez les morceaux à l'aide d'une cuillère à égoutter et réservez-les. Enlevez tout le gras sauf 2 c. à soupe.

2 Mettez juste assez de viande pour couvrir le fond de la marmite et faites-la dorer. Retirez et réservez dans une assiette. Recommencez jusqu'à ce que toute la viande soit brunie. Enlevez tout le gras de la marmite sauf 2 c. à soupe.

3 Mettez l'oignon et la carotte dans la marmite et faites-les cuire de 3 à 4 minutes pour les attendrir, en remuant fréquemment. Saupoudrez de farine et brassez sans arrêt.

4 Versez graduellement le vin, la purée de tomate et le bouillon ; salez et poivrez. Ajoutez le bouquet garni et attachez-le à la poignée de la marmite. Amenez les légumes et le bouillon à ébullition en grattant le fond de la marmite pour récupérer les dépôts.

5 Remettez la viande dans la marmite. Ajoutez du bouillon au besoin afin de recouvrir tous les ingrédients. Couvrez hermétiquement et laissez mijoter à feu doux pendant environ trois heures jusqu'à ce que la viande soit tendre.

6 Environ une demi-heure avant la fin de la cuisson, faites fondre le beurre dans un poêlon à feu moyen-vif. Ajoutez les oignons et faites-les frire en brassant souvent. Réservez. Faites dorer les champignons de 3 à 4 minutes en brassant souvent. Incorporez les oignons et les champignons au ragoût en les mêlant à la sauce.

7 Faites cuire jusqu'à ce que la viande et les légumes soient tendres. Enlevez le bouquet garni et jetez-le. Ajoutez le persil et servez.

LES LÉGUMES

Bien que le végétarisme reste le choix d'une minorité, il a eu une incidence sur l'alimentation en général. Finie l'époque des légumes trop bouillis, aux vitamines perdues dans l'eau de cuisson. Aujourd'hui, moins on les cuit, mieux c'est – les crudités s'imposent. La cuisson au wok, à la vapeur et le rôtissage sont des techniques qui préservent la saveur et les bienfaits des légumes. La préparation doit aussi garder intactes les vertus des légumes.

LES LÉGUMES-RACINES ET TUBERCULES

Les légumes-racines et les tubercules font partie d'une famille d'aliments qui procurent de l'énergie alimentaire sous la forme d'hydrates de carbone. On parle ici de toute plante qui emmagasine des nutriments dans une racine souterraine, un bulbe ou un tubercule. On a longtemps ignoré les tubercules en cuisine. Depuis peu, ils gagnent en popularité en raison de leurs propriétés pour la santé.

Les légumes-racines et les tubercules poussent sous terre. Ils comprennent la pomme de terre, la patate douce et l'igname, la carotte, le navet, le panais, le céleri rave, la betterave, l'artichaut de Jérusalem (soleil vivace), le rutabaga, le chou rave (techniquement un chou) et le salsifis. Les radis rouges, blancs, longs et daikons sont aussi des légumes-racines.

La plupart des légumes-racines se conservent bien dans un endroit sombre et frais. Ils sont interchangeables dans les recettes. En général, on commence la cuisson à l'eau froide, on amène à ébullition, puis on fait mijoter. Ils doivent être tendres sans se décomposer. Vous avez le choix du type de cuisson : à la vapeur, en eau bouillante (pour réduire en purée), rôtissage, sauté, au four, friture ou gratin. Leur forte teneur en eau permet de les faire cuire au micro-ondes. Pelez-les avant la cuisson. Par contre, vous pouvez brosser et laver les patates et les carottes nouvelles.

LES ÉPLUCHEURS

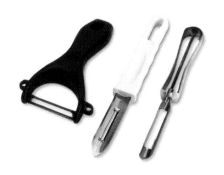

Il y a différents éplucheurs. Privilégiez le confort ou l'outil le plus approprié pour la tâche, par exemple un éplucheur à lame large pour les gros légumes comme les pommes de terre, ou à lame fixe ou pivotante pour les carottes et les panais. Un couteau tranchant est l'idéal pour le céleri rave.

LES CAROTTES ET LE PANAIS

Les carottes et les panais sont sans doute les légumes-racines les plus sucrés et ils se préparent de la même façon. On peut manger les panais crus, mais on les fait habituellement cuire.

LA PRÉPARATION :
Pour préparer les carottes et les panais, coupez les bouts, puis pelez. Si vous préparez les panais à l'avance, plongez-les dans de l'eau acidulée afin de prévenir le brunissement. Vous pouvez les couper en rondelles, en longues tranches pour le rôtissage, ou en julienne pour les sautés ou les salades.

LA CUISSON :
Déposez dans l'eau bouillante salée et laissez mijoter jusqu'à tendreté, soit de 5 à 6 minutes pour les rondelles ; de 7 à 9 minutes pour les carottes miniatures. Mettez 500 g (1 lb) de carottes tranchées dans un poêlon profond contenant 60 ml (1/4 de tasse) d'eau ou de bouillon, 1 c. à soupe de beurre et 1 c. à soupe de sucre ou de miel. Couvrez et faites cuire 5 minutes. Retirez le couvercle et laissez le liquide s'évaporer pour obtenir des carottes tendres et glacées.

LE BLANCHISSAGE :
Pour blanchir le panais avant la cuisson au poêlon ou le rôtissage, couvrez-le d'eau froide, amenez à ébullition et laissez mijoter 1 minute. Égouttez. Sautez dans du beurre de 8 à 10 minutes. Pour faire la purée de panais, faites cuire le légume jusqu'à très tendre et écrasez.

LE RÔTISSAGE :
Pour rôtir le panais, faites fondre 60 ml (1/4 de tasse) d'huile et 1 c. à soupe de beurre dans une plaque à rôtir. Ajoutez les légumes blanchis et égouttés. Faites-les rôtir jusqu'à ce qu'ils soient tendres et croustillants, de 35 à 40 minutes, à 200 °C (400 °F). Tournez de temps en temps.

LES POMMES DE TERRE

Ce légume peut s'apprêter d'innombrables façons.

LA PRÉPARATION :
Brossez la pomme de terre si vous la faites cuire au four. Pour éviter que la pelure des pommes de terre nouvelles ne fende durant la cuisson, pelez une lisière autour du centre, ou pelez-les entièrement. Coupez en tranches, en cubes ou en dés selon la recette.

LA CUISSON AU FOUR :
Percez chaque pomme de terre ou patate douce avec une broche ou la pointe d'un couteau, à plusieurs endroits, afin de prévenir l'éclatement. Déposez-les sur une plaque à biscuits tapissée d'aluminium ou sur la grille du four. Faites cuire à 200 °C (400 °F) environ 90 minutes ou jusqu'à ce qu'elles soient tendres.

LE SAUTÉ DE POMME DE TERRE :
Couvrez le fond d'un poêlon épais d'huile et chauffez à feu moyen. Quand l'huile est très chaude, ajoutez les pommes de terre (crues ou cuites) et faites dorer un côté avant de les retourner. Poursuivez la cuisson afin d'obtenir des pommes de terre croustillantes, dorées et tendres, soit de 10 à 12 minutes.

1 Pour la grande friture, taillez les pommes de terre pelées en bâtonnets d'environ 1,5 cm (1/2 po) d'épaisseur. Faites-les tremper dans l'eau froide pendant 30 minutes, égouttez-les et asséchez-les sur une serviette propre.

2 Préchauffez l'huile. Faites frire les pommes de terre par petites portions, de 4 à 6 minutes selon leur grosseur, jusqu'à ce qu'elles soient tendres et dorées. Retirez-les à l'aide d'une cuillère à égoutter et déposez-les sur un essuie-tout.

3 Une fois toutes les pommes de terre frites, faites-les frire une seconde fois, environ 2 minutes, dans une huile un peu plus chaude. Asséchez sur un essuie-tout, salez et servez.

LES GOUSSES ET LE MAÏS

Ce groupe de légumes se distingue du fait que nous mangeons les graines des plantes. Parfois, seule la gousse (le fruit) est comestible (les pois). D'autres fois, la gousse et la cosse sont comestibles (le pois mange-tout). En principe, le maïs est une céréale. Cependant, nous mangeons ses graines. Les gousses et le maïs sont riches en protéines et en hydrates de carbone.

Les haricots et les pois font partie des légumineuses, c'est-à-dire des légumes dont les cosses à deux valves contiennent une seule rangée de gousses. Il y en a toutes sortes de variétés dans le monde. Peu importe leur origine, on les prépare et les fait cuire de façon semblable. Dans certains cas, on mange la cosse entière des variétés comestibles avant leur maturité, comme les pois mange-tout. Par contre, on retire les pois et les haricots de la cosse avant de les manger, par exemple les petits pois et les féveroles. On fait sécher les autres variétés (voir Les céréales et les légumineuses, page 160). Contrairement aux légumes-racines, les légumes verts cuisent en peu de temps. On les plonge dans l'eau bouillante salée de 2 à 10 minutes. Ils doivent être tendres, mais croustillants et d'une couleur vive.

LES HARICOTS FRAIS

Les haricots frais, à gousses comestibles, comprennent le haricot vert, le haricot à parchemin, le pois mange-tout, le haricot jaune et le haricot vert chinois. Coupez les bouts. Pour enlever les fils, cassez la tige et tirez le long des côtés. (Certaines nouvelles variétés n'ont pas de tige.) Coupez les jeunes haricots à l'aide de ciseaux de cuisine ou d'un couteau. Préparez de la même façon les cosses comestibles comme les pois mange-tout et les pois «Sugar Snap». Les haricots frais se mangent crus, blanchis, cuits à la vapeur ou au wok, sautés ou cuits au micro-ondes. Il est préférable de les faire cuire.

Pour préparer les pois mange-tout ou les fèves plates, coupez-les en diagonale en bouts de 2,5 cm (1 po).

Vous pouvez aussi couper les haricots longs ou les fèves plates dans le sens de la longueur. Cette coupe leur permet de cuire plus rapidement.

LE GOMBO

Le gombo est une cosse inhabituelle et allongée, à cinq faces. Des esclaves africains et des pionniers français l'ont introduit au Nouveau Monde. On s'en sert surtout dans la cuisine créole, cajun, du Sud et des Caraïbes. Cuit longtemps, le gombo prend une texture gélatineuse et sert d'épaississant dans les gombos et les ragoûts. Choisissez des gombos petits ou moyens sans parties molles. Vous pouvez le faire bouillir, cuire à l'étouffée, macérer ou frire.

Lavez les gombos à la toute dernière minute. À l'aide d'un petit couteau tranchant, coupez les tiges également et évitez de les percer. Faites cuire dans une casserole en acier inoxydable ou anticorrosion afin d'éviter la décoloration.

LE MAÏS

Le maïs est une céréale, mais, comme les pois, ses graines sont des graines. Comme les pois, il a une forte teneur en sucres qui se transforment en amidon dès le moment de la cueillette. Plus le maïs est frais, plus il est sucré. Selon la tradition, on fait bouillir les épis et on les mange garnis de beurre. On peut également le faire griller au four ou sur le barbecue, dans ses feuilles ou non. On en fait aussi des chaudrées.

Les grains de maïs cuits se servent en salades, dans des mets cuits au wok servis sur du riz, en beignets et en soupes. Choisissez des épis à petits grains pâles en rangées droites et à soies pâles. Pour l'éplucher, arrachez les feuilles extérieures et les soies. Cassez ou coupez la tige si nécessaire.

LES LÉGUMES-FRUITS

En botanique, la tomate, l'aubergine, le poivron et l'avocat sont des fruits. Pourtant, on les traite comme des légumes dans la cuisine. Chacun demande une préparation et des techniques de cuisson particulières. Bien qu'ils se mangent seuls, ils peuvent également servir d'accompagnement ou d'assaisonnement pour d'autres mets.

Les tomates mûries sur pied ont un parfum intense ainsi qu'une saveur et une texture supérieures. Cependant, elles sont fragiles et s'abîment pendant le transport. On en trouve l'été et au début de l'automne. Les tomates de serre et hydroponiques (qui poussent dans l'eau, sans sol) ont belle allure, mais manquent de goût. On en trouve toute l'année. Recherchez les variétés cultivées pour leur saveur. Il y a un grand nombre de variétés de tomates, de la tomate géante, appelée tomate Beefsteak, aux tomates cerises populaires en salade.

LA PRÉPARATION DES TOMATES

On utilise des tomates pelées, épépinées ou en dés, c'est-à-dire concassées, dans de nombreuses recettes. Cela semble compliqué, mais le résultat en vaut la peine. Vous obtenez une intense saveur de tomate fraîche, sans pelure ni graines.

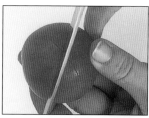

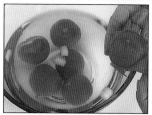

Évidez les tomates. À l'aide d'un petit couteau tranchant, marquez le bas de chaque tomate d'un X fait d'un trait léger. Mettez les tomates rapidement dans l'eau bouillante de 10 à 20 secondes, selon leur degré de maturité. Retirez de l'eau et déposez dans de l'eau glacée.

Retirez les tomates de l'eau froide et enlevez la peau, qui commencera à se détacher.

Coupez chaque tomate en quatre et enlevez toutes les graines avec la lame d'un couteau tranchant, ou coupez la tomate en deux et pressez les morceaux pour expulser les graines. Grattez ce qui reste. Coupez ou tranchez les tomates selon la recette.

LA SAUCE TOMATE FRAÎCHE

INGRÉDIENTS

1 à 2 c. à soupe d'huile d'olive
1 oignon haché fin
1 à 2 gousses d'ail haché fin
500 g (1 lb) de tomates mûries
 sur pied ou de tomates
 italiennes, pelées, épépinées
 et coupées en dés
1/2 c. à thé de thym séché
1 c. à thé de sucre (facultatif)
1 c. à soupe de purée de tomate
60 ml (1/4 de tasse) d'eau
2 c. à soupe de feuilles de basilic
 ciselées ou déchirées
Sel et poivre

1 Préchauffez l'huile dans un grand poêlon à feu moyen. Ajoutez l'oignon et laissez attendrir de 5 à 8 minutes, en remuant de temps à autre. Incorporez l'ail et poursuivez la cuisson 2 minutes afin de bien parfumer.

2 Ajoutez les tomates, le thym séché, le sucre (facultatif), la purée de tomate et l'eau. Amenez à ébullition, puis ramenez à feu doux. Laissez mijoter de 25 à 30 minutes, en brassant de temps à autre, jusqu'à l'obtention d'une purée. Ajoutez le basilic et assaisonnez. Faites cuire 5 minutes de plus pour bien marier les saveurs. Salez et poivrez.

COMMENT GRILLER L'AUBERGINE AU FOUR OU SUR LE BARBECUE

L'aubergine est la cousine de la tomate. Ce gros légume-fruit a la forme d'une poire et une pelure pourpre, presque noire. Il existe une variété d'aubergines minces et allongées, appelée aubergine chinoise ou asiatique, à la chair d'un gris-vert pâle qui absorbe les saveurs durant la cuisson. On peut utiliser l'une ou l'autre des variétés. On peut couper les aubergines en diagonale ou sur le long, en dés ou en tranches. On peut les frire dans l'huile, avec ou sans panure, jusqu'à ce qu'elles soient tendres, ou les braiser dans l'huile, avec du bouillon et de l'eau.

LES POIVRONS

Les poivrons appartiennent à la famille des capsicum et ont une couleur rouge, jaune, verte, noire, pourpre ou orange. Les piments doux, d'un rouge-orangé vif, sont cultivés, rôtis, puis mis en conserve. Les poivrons ajoutent couleur et saveur à de nombreux mets en plus d'être délicieux. Les poivrons verts ont un goût un peu amer et herbacé; les poivrons jaunes et orange sont les plus mûrs et les plus sucrés. On peut épépiner les poivrons et les couper en tranches ou en dés pour servir en salades ou comme crudités. On peut les faire frire, sauter, griller au four, cuire au four et même les farcir.

LA PRÉPARATION DES POIVRONS
Si vous avez besoin d'un poivron entier à farcir, coupez le pédoncule, puis évidez le poivron à l'aide d'une cuillère. Coupez une mince tranche de la base pour aider le poivron à bien se tenir. Suivez la recette. Si vous tranchez ou hachez le poivron, il est plus facile de retirer les graines.

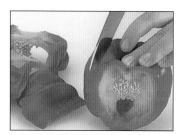

Coupez la tête et la base du poivron. Coupez ensuite les quatre côtés. Jetez le centre, puis enlevez les nervures blanches qui restent. Vous obtenez quatre rectangles à couper en tranches ou en dés, au besoin.

Vous pouvez aussi couper la tête et la base du poivron, puis entaillez le poivron de haut en bas. Aplatissez le poivron, retirez le centre, les nervures et les graines. Taillez selon la recette.

LES COURGES

Les courges appartiennent à la famille des cucurbitacées. Il y a des centaines de variétés de courges dans le monde. Elles poussent davantage dans les régions chaudes, comme en Afrique et en Inde, mais la plupart sont des plantes indigènes d'Amérique. Elles ont différentes formes, tailles et couleurs, mais pour ce qui est de la cuisine, on les divise en courges d'été et courges d'hiver.

LA PRÉPRATION DE LA COURGE D'ÉTÉ

La courge d'été, notamment la courgette, a une pelure mince qui protège une chair tendre. On peut la consommer crue ou légèrement bouillie, cuite à l'étouffée ou sautée au wok.

Coupez les extrémités de la courge d'été, puis tranchez-la ou coupez-la en morceau selon la recette. Faites frire dans du beurre ou de l'huile à feu moyen environ 5 minutes.

Pour faire une pirogue de courgette farcie, coupez les extrémités de la courgette puis taillez-la en deux sur le long. À l'aide d'un petit couteau tranchant, taillez la chair à 1,5 cm (1/2 po) du bord. Retirez la chair et les graines avec une cuillère. Farcir selon la recette.

1 Pour la courge en petit moule, laissez-la entière et coupez les extrémités, ou encore coupez-la en deux ou en quatre.

2 Faites cuire au-dessus d'une eau bouillante jusqu'à tendreté, de 4 à 6 minutes. Vous pouvez aussi le faire sauter au poêlon dans du beurre ou de l'huile, de 2 à 4 minutes, jusqu'à ce qu'elle soit croustillante et dorée.

LA PRÉPARATION DE LA COURGE D'HIVER

La courge d'hiver est cueillie à pleine maturité, c'est pourquoi elle a une pelure épaisse et une chair ferme, compacte et savoureuse, souvent assez foncée. Retirez d'abord les grosses graines, puis la chair, avant ou après la cuisson. Toutefois, ne mangez pas la courge d'hiver crue. Vous pouvez la faire rôtir, cuire au four, cuire au micro-ondes ou sauter. Ces courges sont délicieuses en purée et dans les soupes, et même en tartes, par exemple, en tarte à la citrouille.

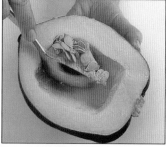

Coupez en deux une courge poivrée, musquée ou Hubbard. À l'aide d'une grosse cuillère, enlevez les graines et les fibres du centre.

Utilisez un couteau de chef pour enlever la pelure épaisse et préparer la chair avant la cuisson. Plongez les cubes de courge d'hiver dans l'eau bouillante et faites cuire jusqu'à ce qu'ils soient tendres, de 8 à 10 minutes.

Pour mettre la courge d'hiver en purée, faites-la bouillir dans l'eau de 12 à 15 minutes. Égouttez bien, puis écrasez ou mettez dans le robot culinaire jusqu'à consistance lisse. Ajoutez 2 c. à soupe de beurre (ou de lait ou de crème) et un soupçon de muscade.

LES CONCOMBRES

Les concombres, membres de la famille des courges, se répartissent en deux catégories : les concombres à manger et les concombres à mariner. Bien qu'il y en ait plusieurs variétés, le concombre vert à manger est le plus répandu. Sa pelure est épaisse et cireuse. Il faut la peler avant de manger le concombre. Le concombre anglais est habituellement plus long et plus mince, et sa pelure, moins coriace. Il n'est pas nécessaire de la peler. Ce concombre contient moins de graines. Il donne un goût rafraîchissant et une texture croustillante aux salades, aux trempettes du Moyen-Orient telles que le tzatziki, aux relishes indiennes et aux raitas.

LES GARNITURES DE CONCOMBRE :
À l'aide d'un couteau à canneler, faites des incisions profondes le long du concombre, ou utilisez un éplucheur et pelez des bandes le long du légume. Coupez en tranches fines.

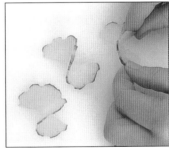

Coupez chaque tranche du centre jusqu'au bord. Tordez les bords coupés dans deux directions opposées et faites tenir la tranche debout.

COMMENT COUPER EN DÉS :
Pelez le concombre selon la recette ou au goût. Coupez-le en quatre dans le sens de la longueur, puis enlevez les graines de chaque morceau. Coupez ensuite en longues lanières, puis en morceaux de 5 cm (2 po) de long, et enfin en dés.

LES LÉGUMES VERTS ET LES LAITUES

Les légumes verts désignent des légumes verts à feuilles, mangés crus et surtout cuits. On en mange à peu près partout. Certains, tels que les feuilles de moutarde, l'oseille, les épinards, la bette à carde, le pissenlit, la roquette, le cresson et les feuilles de navet, ont une saveur plutôt poivrée. D'autres, comme les laitues, ont un goût plus doux et se mangent presque toujours crus. On reconnaît deux grandes catégories : soit les herbes potagères (le plus souvent cuites) et les laitues (surtout crues), bien que cette distinction ne soit pas toujours claire. Tous les légumes verts ont une forte teneur en eau et perdent du volume lors de la cuisson. Prévoyez 250 g (1/2 lb) par personne si vous les servez cuits.

LES HERBES POTAGÈRES

La plupart des herbes potagères se mangent en salade quand les pousses sont jeunes et tendres, mais on en trouve rarement. Elles sont en général plus matures et il faut les faire cuire pour les attendrir et alléger leur saveur plutôt intense.

LES LAITUES

Il y a deux grands types de laitue : la laitue iceberg et la laitue beurre ou à feuilles tendres. Dans tous les cas, coupez les racines et lavez bien. Ne versez la vinaigrette qu'au dernier moment, sinon elle ramollit les feuilles.

LA PRÉPARATION DES LÉGUMES VERTS

Lavez bien tous les légumes verts pour enlever le sable ou la terre. Plongez dans un évier ou un bol d'eau froide, et laissez tremper 3 à 4 minutes en remuant les feuilles. Déposez les légumes dans une passoire et laissez-les s'égoutter. Recommencez jusqu'à ce qu'il ne reste plus de sable ou de terre. Égouttez, secouez bien, puis empilez les feuilles dans une passoire.

Retirez les grosses tiges dures des épinards, du chou frisé ou d'autres légumes verts en tenant la feuille d'une main et en arrachant la tige de l'autre.

Pour les bettes à carde, séparez les feuilles de la tige en la coupant en V.

Pour émincer le pak-choï ou les feuilles de bette à carde, empilez les feuilles, puis roulez-les. Coupez-les en diagonale, en lanières fines ou épaisses, selon la recette.

Coupez les tiges en bouts de 2,5 cm (1 po), puis déchirez les feuilles. Faites cuire les tiges et les feuilles séparément, car ces dernières cuisent plus vite. Si le pak-choï est jeune et tendre, les tiges et les feuilles peuvent cuire ensemble, car leur temps de cuisson est très court. Séparez les feuilles de la racine en les coupant, au besoin.

LA CUISSON DES LÉGUMES VERTS

Pour faire cuire les épinards, mettez les feuilles dans une casserole sans les assécher après leur lavage. Faites cuire à feu moyen de 2 à 3 minutes jusqu'à ce que les feuilles ramollissent, ou faites sauter au poêlon dans un peu de beurre ou d'huile, de 1 à 2 minutes. Pour blanchir, plongez 30 secondes dans l'eau bouillante.

Si les épinards ou autres sont destinés à une autre préparation, comme les épinards en crème ou un autre mets braisé, mettez-les dans une passoire et pressez à l'aide d'une cuillère de bois pour éliminer le plus de liquide possible. Utilisez les feuilles entières ou hachez-les, selon la recette.

Faites sauter le pak-choï ou la bette à carde de 2 à 6 minutes dans un peu de beurre ou d'huile jusqu'à ce que les feuilles ramollissent. Vous obtiendrez une saveur orientale avec un peu de sauce soja et une goutte ou deux d'huile de sésame.

LES CHOUX ET LES CRUCIFÈRES

Le chou, de la famille des crucifères, est l'un des plus anciens légumes cultivés. Il y a beaucoup de sortes de choux, la plupart ayant une forme ronde et des feuilles compactes, bien que certains soient plats, allongés ou moins serrés. Le chou est un légume de temps frais, peu coûteux et abondant. Il est facile à préparer et à faire cuire, ce qui explique son utilisation répandue. On peut le consommer cru en salade, mariné dans la choucroute ou cuit de différentes façons. Ne le faites pas trop cuire, car il deviendra pâteux et dégagera une mauvaise odeur. Choisissez des choux lourds pour leur grosseur. Jetez les feuilles extérieures, plus rigides.

Le chou pommé blanc est le plus commun des choux. Sous ses feuilles extérieures, épaisses et foncées, le chou montre une couleur vert pâle et un centre solide à saveur prononcée. On peut le râper et le servir en salade, le faire sauter, le braiser, le bouillir, l'ajouter à des soupes ou le farcir. C'est le chou qui sert à faire la choucroute. Le chou de Milan a des feuilles moins serrées, un extérieur pourpre et une saveur plus douce.

Le chou rouge a une couleur pourpre éclatante et un goût un peu sucré. Il doit cuire plus longtemps que le chou blanc. On le fait souvent braiser avec de l'oignon et des pommes pour accompagner le canard ou le gibier. Un acide comme le vinaigre permet de stabiliser sa couleur. C'est pourquoi on ajoute un peu de vinaigre pour braiser le chou et les pommes. Un peu de sucre permet d'équilibrer le goût, donnant au plat une saveur aigre-douce. Le chou chinois, aussi appelé nappa, a de longues feuilles jaune-vert et se mange cru ou cuit. C'est un ingrédient courant de la cuisine chinoise.

LES CHOUX DE BRUXELLES

Les choux de Bruxelles se récoltent en saison fraîche. Ils font partie de la famille des choux, avec le chou-fleur, le brocoli, le chou frisé et le chou vert. Comme le chou-fleur, ils poussent mieux dans un climat frais et humide. La partie comestible est le bouton qui pousse à l'intérieur des feuilles. À l'occasion, on sert l'enveloppe comme un légume vert. Cette variété a son origine en Belgique, où elle pousse sur tige épaisse. On mange rarement les choux de Bruxelles crus. Ils ont une saveur de noisette qui agrémente le gibier, le canard et d'autres viandes riches. On peut les faire braiser avec des marrons pour accompagner la dinde. Faites bouillir ou cuire à la vapeur jusqu'à ce qu'ils soient tendres, de 7 à 10 minutes.

LA PRÉPARATION DES CHOUX DE BRUXELLES

Enlevez les feuilles extérieures lâches ou jaunies. À l'aide d'un couteau tranchant, taillez un X à la base pour favoriser une cuisson égale.

LA PRÉPARATION DU CHOUX

Coupez le chou en deux et retirez le cœur en forme de V. Si vous avez besoin des feuilles entières, par exemple pour les farcir, détachez-les doucement, faites-les blanchir (comme pour les épinards), mais un peu plus longtemps. Transférez dans un bain d'eau froide.

Pour émincer le chou, déposez une moitié sur la planche à découper et tranchez en diagonale. Faites des lanières minces ou épaisses, selon la recette.

LE BROCOLI ET LE CHOU-FLEUR

Le brocoli et le chou-fleur font partie de la famille des choux. Ils présentent des petits bouquets au bout d'une tige. Consommez-les crus, en salade ou comme crudités, ou cuits, entiers ou en fleurons. Faites bouillir ou cuire les fleurons à la vapeur jusqu'à ce qu'ils soient tendres, soit de 5 à 10 minutes.

LE CHOU-FLEUR :
Pour préparer le chou-fleur, enlevez les feuilles vertes extérieures et le cœur, près du pied. Cassez le chou-fleur en morceaux, puis détachez les fleurons.

LE BROCOLI :
Pour préparer le brocoli, coupez le pied fibreux et détachez les fleurons. Vous pouvez aussi garder une partie du pied, mais pelez-le. Coupez le brocoli en quatre et pelez la partie coriace du pied.

LE CHOU-FLEUR À L'AIL

INGRÉDIENTS

1 petit chou-fleur
1 c. à soupe d'huile d'olive vierge
2 grosses gousses d'ail hachées
1 c. à soupe de graines de sésame rôties
Soupçon de paprika (facultatif)
Poivre au goût (facultatif)

1 Amenez 2 l (8 tasses) d'eau à ébullition dans une grande marmite.
2 Préparez le chou-fleur et détachez les fleurons. Déposez-les dans l'eau bouillante pendant environ 2 minutes.
3 Égouttez.
4 Chauffez l'huile dans un grand poêlon antiadhésif. Faites rôtir l'ail. Ajoutez le chou-fleur et les graines de sésame et faites sauter 1 minute.
5 Saupoudrez de paprika et de poivre avant de servir (facultatif).

LES CHAMPIGNONS ET LES TRUFFES

Le champignon, de la famille des fungidés, est l'un des plus anciens aliments. Les nombreuses variétés ont diverses grosseurs, formes, couleurs et saveurs, mais toutes ont un pied et un chapeau. Les champignons cultivés et sauvages s'apprêtent de la même façon. On cultive les champignons avec succès depuis la fin des années 1800. Les très jeunes champignons en bouton ont une saveur douce et on en trouve toute l'année. Les champignons des prés ou champêtres sont propices à la cuisson sur le gril. On cultive de plus en plus de variétés sauvages, par exemple, le shiitake, l'enokitake (ou petite flamme), le champignon noir et le pleurote.

Il y a des champignons sauvages partout dans le monde, surtout à la fin de l'été ou à l'automne. Les bois et les champs leur procurent des conditions idéales. Ils ont un goût de terroir. Faites-les toujours cuire avant de les consommer. Certains sont vénéneux : ne cueillez jamais de champignons sauvages sans les conseils d'un mycologue. Achetez-les d'un commerce de confiance. Les champignons sauvages comme la morille, le bolet (ou cèpe), le pied de mouton, le pied bleu, la chanterelle et la trompette de la mort sont très coûteux, mais leur riche saveur vaut le coût. On peut se procurer certaines variétés sauvages déshydratées, notamment les morilles, les bolets, les matsutake et les champignons noirs, puis les réhydrater. Le champignon le plus populaire est la truffe. Ce petit trésor, très odorant, est un tubercule que repère à l'odorat le porc ou le chien au pied des chênes du Périgord, en France (truffes noires), et du Piémont italien (truffes blanches). Les truffes coûtent cher, mais en pot, elles perdent une bonne partie de leur arôme. Cependant, même une petite quantité peut rehausser un mets.

Enveloppez les champignons frais dans un essuie-tout et rangez au réfrigérateur au maximum trois jours. Ne les conservez pas dans des sacs en plastique, car l'humidité les détériore rapidement.

LA PRÉPARATION DES CHAMPIGNONS

Ne lavez pas les champignons cultivés. Utilisez une brosse à champignons ou une brosse à dents souple pour éliminer la saleté, ou nettoyez-les à l'aide d'un essuie-tout humide. S'ils sont pleins de sable ou de terre, plongez-les brièvement dans l'eau froide, retirez-les et asséchez-les immédiatement. Coupez le pied. Les champignons sauvages contiennent du sable et ont besoin d'un rinçage. Plongez-les à plusieurs reprises dans l'eau, puis égouttez-les. Coupez les pieds et les bords durs. Vous devrez peut-être faire tremper les morilles pour en enlever le sable.

Donc, nettoyez les champignons, puis taillez le pied. Coupez les gros champignons en quatre ou en tranches, selon la recette. Utilisez un couteau en acier inoxydable; les autres matériaux peuvent affecter la couleur. Arrosez de jus de citron pour éviter tout brunissement si vous les préparez à l'avance ou en grande quantité.

LA CUISSON DES CHAMPIGNONS

Faites chauffer le beurre ou l'huile dans un poêlon à feu moyen-vif. Lorsqu'il est très chaud, mais non fumant, ajoutez les champignons et faites sauter, au poêlon ou au wok, de 3 à 4 minutes, jusqu'à ce qu'ils soient dorés et tendres. Il ne doit plus rester de liquide.

Pour les variétés champêtres, vous pouvez les enduire de beurre ou d'huile et les faire griller à 10 cm (4 po) de la source de chaleur pendant 6 à 8 minutes. Badigeonnez de temps à autre.

LA FAMILLE DES OIGNONS

Ces légumes au goût et à l'arôme riches sont de la famille des liliacées. Les oignons, les oignons verts, les poireaux, l'échalote et l'ail sont parfois servis comme des légumes, mais on s'en sert plus souvent pour assaisonner les mets. La ciboulette est la seule herbe fine de la famille. Les oignons ont des couleurs, des tailles, des textures et des saveurs variées, et sont des ingrédients de toutes les cuisines du monde.

Les oignons et leurs cousins se mangent crus ou cuits. Leur saveur va de douce et sucrée à très forte. Les variétés de gros oignons jaunes doux portent le nom de leur lieu d'origine : oignon d'Espagne, oignon hawaïen, oignon des Bermudes, vidalia et walla walla (sud des États-Unis). Ces oignons doux sont excellents crus dans les salades, les sandwichs ou les hamburgers.

Ils sont aussi délicieux farcis ou cuits sur le barbecue. Les gros oignons blancs sont un peu plus doux que les jaunes. Les rouges sont plus sucrés et meilleurs crus. Les petits oignons perlés, ou à mariner, sont cueillis quand ils atteignent 2,5 cm (1 po) de diamètre. Les petits oignons à bouillir sont légèrement plus gros, et les petits oignons blancs sont gardés miniatures durant leur culture par le compactage des plants. On les achète pelés et surgelés pour les mettre dans les ragoûts ou les mets de viandes braisées. Les oignons verts sont des oignons jaunes non matures cultivés pour leur saveur plus douce. Les poireaux sont les plus doux et les plus sucrés de la famille, on s'en sert pour assaisonner les soupes et les bouillons.

LA PRÉPARATION DES OIGNONS

Coupez la tige de l'oignon à l'aide d'un petit couteau tranchant et enlevez la pelure. Laissez la racine intacte, elle tient l'oignon en un seul morceau. Pour les oignons verts, coupez les racines et enlevez les feuilles jaunies.

1 Coupez l'oignon en deux, sur le long. Déposez chaque moitié à plat sur une planche à découper. À l'aide d'un couteau tranchant, faites une série d'entailles à la verticale, perpendiculaires à la racine sans y toucher. Tranchez ensuite l'oignon à l'horizontale jusqu'à la racine.

2 Coupez l'oignon de travers pour faire des dés. Pour des dés plus petits, continuez de couper l'oignon dans un mouvement de balancier du couteau contre la planche à découper.

LES RONDELLES D'OIGNON :
Pour couper les oignons en rondelles, tenez fermement l'oignon pelé contre la planche à découper. Coupez sur la largeur en tranches fines ou épaisses, au goût. Vous pouvez aussi couper l'oignon en deux et faire des demi-rondelles dans l'oignon à plat contre la planche à découper.

LES OIGNONS À LA CRÈME

INGRÉDIENTS

12 petits oignons blancs, pelés
3 c. à soupe de beurre
2 c. à soupe)de farine
Pincée de poivre noir
Pincée de muscade
250 ml (1 tasse) de lait

Pelez les oignons. Mettez-les dans l'eau bouillante de 15 à 20 minutes. Ils doivent être tendres, mais pas trop mous. Égouttez et réservez. Dans un autre poêlon, faites fondre le beurre, ajoutez en fouettant la farine, la muscade et le poivre ; faites cuire 1 minute. Ajoutez le lait et faites épaissir. Incorporez les oignons et servez chaud.

LA PRÉPARATION DES POIREAUX

Les poireaux retiennent beaucoup de sable et de saleté entre leurs feuilles.
Lavez-les à fond avant de les utiliser.

Jetez toute feuille jaunie ou dure et coupez la racine. Enlevez une partie de la tige verte, selon la recette. À moins de le vouloir entier, taillez le poireau en deux ou en quatre à partir de la partie blanche. Plongez-le dans l'eau froide jusqu'à la racine en remuant pour éliminer la saleté. Tranchez, hachez ou coupez en julienne, selon la recette. Si le poireau reste entier, plongez-le dans l'eau glacée en remuant pour enlever toutes les saletés.

LA PRÉPARATION DES OIGNONS ET DES POIREAUX

Faites cuire les oignons lentement, dans du beurre ou de l'huile, jusqu'à ce qu'ils soient tendres et transparents. On dit qu'on fait « suer » les oignons. Cette technique fait ressortir leur sucre naturel. S'ils cuisent trop vite et deviennent brun foncé, ils auront un goût amer. Vous pouvez faire sauter les poireaux et les intégrer à d'autres mets ou les faire cuire rapidement.

Faites chauffer 1 c. à soupe de beurre ou d'huile dans un poêlon à feu moyen. Incorporez les oignons tranchés ou en dés et remuez de temps à autre. Vous pouvez aussi faire braiser lentement les oignons couverts, à feu très doux, pendant 30 minutes jusqu'à ce qu'ils soient dorés.

Pour faire sauter les poireaux tranchés ou hachés, faites chauffer 1 à 2 c. à soupe de beurre dans un gros poêlon à feu moyen-vif. Ajoutez les poireaux et faites-les cuire de 3 à 4 minutes, pour les attendrir. Ils seront d'un vert éclatant. Faites de même pour les oignons verts entiers.

LES TIGES ET LES POUSSES

Les tiges et les pousses des plantes contiennent un pourcentage élevé de cellulose. Ces légumes – les asperges, le céleri et les artichauts (un chardon comestible) – sont croustillants crus et ont un arôme riche une fois cuits. On les consomme depuis des siècles. Les asperges vont de très fines à extra-grosses. Les asperges fraîches sont les plus populaires. L'asperge blanche, épaisse, a la faveur des Français et des Belges. Elle a un goût plus doux et est plus tendre. Le céleri est d'usage courant dans les soupes, les bouillons et les ragoûts. On le mange aussi cru en salade, avec des trempettes ou légèrement braisé. Le fenouil est une plante méditerranéenne fraîche et croustillante. Il s'apprête bien en salade, comme crudité, braisé ou sauté. Son goût rappelle l'anis. Les jeunes artichauts sont tendres, on peut les faire cuire et les manger entiers. On s'en sert beaucoup dans la cuisine italienne. On doit jeter les poils du centre des gros artichauts.

LA PRÉPARATION ET LA CUISSON DES GROS ARTICHAUTS

Utilisez toujours un couteau en acier inoxydable pour préparer les artichauts. Frottez toutes les parties coupées de l'artichaut avec du jus de citron pour éviter l'oxydation.

1 Rompre la tige à la main, près de la base, et enlevez les feuilles trop fibreuses. Égalisez la base à l'aide d'un couteau. Enlevez aussi les piquants. À l'aide de ciseaux de cuisine, coupez les épines et les parties brunâtres des feuilles. Séparez les feuilles et rincez-les à l'eau froide. L'artichaut est prêt à être cuit entier.

2 Faites bouillir de l'eau salée dans une grande marmite. Ajoutez le jus d'un citron, ou 45 à 60 ml (3 à 4 c. à soupe) de vinaigre, puis l'artichaut, la tête d'abord. Mettez une assiette résistant à la chaleur ou un linge mouillé sur l'artichaut pour le maintenir sous l'eau. Faites mijoter jusqu'à tendreté. Piquez l'extrémité de la tige avec la pointe d'un couteau ou d'une fourchette pour vérifier la cuisson, de 15 à 25 minutes, selon la grosseur. Égouttez tête en bas et laissez refroidir un peu.

3 Pour retirer le cœur, prenez les feuilles d'une main, puis tordez en tirant. Réservez le cône de feuilles. À l'aide d'une cuillère à thé, écartez les feuilles puis grattez la partie poilue. Jetez.

4 Déposez le cône de feuilles tête en bas dans le réceptacle de l'artichaut, puis arrosez-le de votre vinaigrette préférée.

LA PRÉPARATION ET LA CUISSON DES ASPERGES

Pour les asperges fines et tendres, il suffit de laver et de casser le bout des tiges. Pelez les asperges plus épaisses afin d'enlever leur enveloppe fibreuse.

Versez 2,5 cm (1 po) d'eau et 1/2 c. à thé de sel dans un grand poêlon. Amenez à ébullition à feu moyen-vif. Ajoutez les asperges et laissez mijoter de 3 à 4 minutes pour les attendrir. Vous pouvez aussi faire cuire les pointes d'asperges à la verticale dans un cuiseur à vapeur ou au wok.

LA PRÉPARATION ET LA CUISSON DU CÉLERI

Il est préférable d'enlever les filandres sur l'extérieur des tiges. Pour ce faire, cassez le bout de la tige sans l'enlever complètement. Tirez les filandres qui s'y rattachent. Vous pouvez aussi peler chaque branche à l'aide d'un éplucheur.

Pour braiser des tranches de céleri, faites-les mijoter dans 1 c. à soupe de beurre et 2 à 3 c. à soupe d'eau ou de bouillon, de 2 à 3 minutes. Recouvrez les cœurs de céleri de 250 ml (1 tasse) d'eau et 1 c. à soupe de beurre et faites mijoter 20 minutes.

LES CÉRÉALES ET LES LÉGUMNEUSES

Il faut préserver le plus possible la fraîcheur des céréales et des légumineuses. Une couleur éclatante, une texture gonflée et une odeur fraîche sont gages de qualité. Plus les céréales et les légumineuses sont vieilles, plus leur temps de cuisson est long. Rangez-les dans un endroit frais et sombre, dans des contenants hermétiques.

LE RIZ ET LES AUTRES CÉRÉALES

La récolte du riz déshydrate les grains. Il faut donc les faire cuire avec beaucoup de liquide pour leur rendre leur humidité. On utilise surtout de l'eau, du bouillon pour rehausser la saveur, ou encore du lait pour les céréales du matin ou le riz au lait. Le temps de cuisson varie selon la variété. Le riz entier doit cuire plus longtemps que les riz plus raffinés. La cuisson idéale est *al dente*, c'est-à-dire que les grains sont tendres à l'extérieur mais fermes à l'intérieur. Cependant, les grains entiers doivent être plus tendres. Les grains de riz sauvage éclatent quand ils sont cuits, mais la plupart gardent leur forme. Le riz peut être bouilli à l'étouffée, cuit au four ou pilaf. Peu importe la méthode, laissez reposer le riz au moins 5 minutes après la cuisson. Cela permet à chaque grain de se contracter, comme cela permet au jus de réintégrer la viande. Pour séparer les grains, remuez-les à l'aide d'une fourchette.

L'amarante est une plante haute à larges feuilles qui produit des milliers de petites graines. Les feuilles et les graines sont comestibles. L'amarante est une cousine du pourpier, de l'épinard et de la betterave.

Le quinoa est une céréale du Pérou cultivée pour ses graines, parente de l'amarante. Les graines sont un peu plus petites que des grains de riz. On fait cuire et on mange le quinoa comme l'avoine.

L'épeautre est une sous-espèce du blé et l'une des plus anciennes céréales cultivées du monde. Il connaît présentement un regain de popularité.

Amarante

Riz à grain long

Quinoa

Riz sauvage

GLOSSAIRE DES RIZ

Il existe des centaines de variétés de riz, définies par la taille du grain ou par le pays d'origine. Chaque variété a sa propre méthode de cuisson, ce qui donne un vaste éventail de saveurs et de textures. Certains riz à grain long sont précuits, c'est-à-dire partiellement cuits à la vapeur. Cela fait passer les nutriments de l'enveloppe à l'endosperme. Ainsi, le riz demeure nutritif même une fois décortiqué.

Le riz à grain long produit des grains tendres qui se détachent facilement. Chaque grain est 4 ou 5 fois plus long que large. La variété Carolina est cultivée dans le sud des États-Unis. Le basmati est une autre variété qu'on surnomme le champagne des riz, très appréciée pour son parfum exotique. C'est un élément de base de la cuisine indienne, à rincer avant d'utiliser, toutefois. *Le riz aux pacanes* est une variété de riz brun à grain long au goût de pacanes.

Le riz à grain moyen, par exemple le riz arborio, est un peu plus rond et absorbe plus de liquide que les riz à grain long, ce qui donne un riz plus humide et collant. On peut le substituer au riz à grain long.

Le riz gluant ou *collant* est un riz à grain moyen ou court, utilisé dans les cuisines chinoise et japonaise, plus facile à saisir avec des baguettes.

Le riz thaïlandais, très odorant, a un parfum spécial. Ses grains jeunes et tendres sont fort appréciés dans les cuisines thaïlandaise et vietnamienne.

Le *riz sauvage* est une plante aquatique qui pousse près des rivières et des lacs le long de la frontière canado-américaine. Ses grains noirs allongés sont tendres et ont un petit goût de noix. On le mélange souvent à du riz blanc par souci d'économie, car il est très coûteux. Il met de 15 à 20 minutes de plus à cuire que le riz blanc et absorbe quatre fois son volume en liquide.

Autres céréales De nombreuses autres céréales cuites se consomment comme du riz, même si certaines absorbent plus d'eau. Suivez les directives sur l'emballage.

L'épeautre est un blé décortiqué. Cette céréale, riche en éléments nutritifs, fournit beaucoup d'énergie. Onctueux et savoureux à souhait, l'épeautre cuit en 20 à 30 minutes et fait un excellent risotto.

LA CUISSON DU RIZ ET DES AUTRES CÉRÉALES

L'ÉBULLITION Amenez de l'eau à ébullition dans une grande marmite (environ quatre fois la quantité de riz ou de céréales). Incorporez peu à peu le riz (ou les céréales) de façon à maintenir l'ébullition. Brassez une fois et laissez bouillir jusqu'à ce que le riz soit tendre. Égouttez et rincez à l'eau chaude.

LA TECHNIQUE D'ABSORPTION Amenez de l'eau ou du bouillon (en principe deux fois la quantité de riz) à ébullition dans une casserole moyenne. Ajoutez le riz et ramenez à ébullition. Remuez, puis faites cuire à la vapeur, couvert, de 18 à 20 minutes. Le riz doit absorber l'eau et être tendre (prévoyez 15 minutes de plus pour le riz brun).

LA CUISSON AU FOUR Mettez du riz dans un plat allant au four. Amenez de l'eau ou du bouillon à ébullition, soit 1 1/2 fois la quantité de riz, et versez sur le riz. Remuez et couvrez. Faites cuire au four préchauffé à 180 °C (350 °F) 25 minutes ou jusqu'à ce que le riz absorbe l'eau et soit tendre (prévoyez 15 minutes de plus pour le riz brun).

LA CUISSON À LA VAPEUR Doublez un cuiseur à vapeur d'une étamine humide. Étendez le riz uniformément et placez le cuiseur au-dessus d'une casserole d'eau bouillante. Couvrez et laissez cuire environ 20 minutes, jusqu'à tendreté.

LE RIZ PILAF : Faites chauffer un peu de beurre ou d'huile dans une casserole à feu moyen. Ajoutez le riz et faites cuire 2 minutes jusqu'à ce qu'il soit opaque. Versez 1 1/2 fois la quantité d'eau ou de bouillon sur le riz. Salez et poivrez. Remuez une fois. Amenez à ébullition et couvrez. Réduisez la chaleur et faites cuire de 18 à 20 minutes, jusqu'à ce que le riz soit tendre.

LA CUISSON DU BOULGHOUR (BLÉ CONCASSÉ) :
LE TABOULÉ

Le boulghour est un blé concassé à saveur de noisette, très léger une fois cuit. Il est très nutritif. Pour le produire, on traite les grains du blé à la vapeur avant de les sécher, puis de les concasser.

On peut faire mijoter ce blé très apprécié au Moyen-Orient ou le faire cuire comme un riz pilaf ou vapeur. Faites-le tremper avant d'en faire un taboulé, cette salade de fines herbes comprenant du persil, de la menthe, du boulghour et des tomates.

INGRÉDIENTS

125 g (1/2 tasse) de boulghour

1 oignon rouge moyen, finement haché

250 g (1 tasse) de tomates épépinées et hachées (pelées au goût)

5 c. à soupe de persil ciselé plat

5 c. à soupe de menthe fraîche ciselée

125 ml (1/2 tasse) d'huile d'olive vierge

60 ml (1/4 tasse) de jus de citron frais ou de vinaigre

1 Trempage : rincez le boulghour à l'eau courante. Mettez-le dans un grand bol et couvrez-le du double d'eau. Laissez reposer une heure, ajoutez de l'eau au besoin. Le boulghour va ramollir et gonfler. Égouttez le surplus de liquide. Séparez les grains à l'aide d'une fourchette.

2 Incorporez l'oignon, les tomates, les fines herbes, l'huile et le jus de citron ou le vinaigre. Salez et poivrez. Garnissez de feuilles de menthe et de quartiers de citron. Servez avec des olives noires. (Cette salade est très verte.)

LA PRÉPARATION ET LA CUISSON DU COUSCOUS

Le couscous n'est pas une céréale, mais plutôt une pâte minuscule. Cet aliment de base d'Afrique du Nord est fait de semoule (blé dur). Autrefois, on roulait les « grains » à la main avant de les mouiller et de les enduire de farine. Cette technique laborieuse fait gonfler les grains et les empêche de se séparer durant la cuisson. De nos jours, on fait le couscous à la machine plutôt qu'à la main. Ce couscous ne requiert qu'un court trempage, puis une cuisson à la vapeur (couscous à cuisson rapide). Un ragoût nord-africain, cuit dans un cuiseur à vapeur spécial ou couscoussière, porte aussi le nom de couscous. Le couscous fait de délicieuses farces à volaille. Une fois trempé, il peut remplacer le boulgour dans le taboulé.

1 Rincez le couscous dans une grande passoire à l'eau courante jusqu'à ce que l'eau soit claire. Transvidez-le dans un bol et ajoutez assez d'eau froide pour le couvrir de 1,5 cm (1/2 po). Laissez reposer environ 30 minutes. Égouttez de nouveau. (Pour une farce, suivez votre recette.)

2 Si vous servez le couscous comme accompagnement, doublez une passoire ou un cuiseur à vapeur d'une étamine humide. Réservez. Passez vos doigts à travers les grains de couscous égouttés pour éliminer les grumeaux. Déposez-les dans la passoire. Mettez la passoire au-dessus d'une casserole d'eau bouillante (ou de ragoût). Faites cuire à la vapeur, sans couvercle, pendant environ 30 minutes. Servez avec un ragoût traditionnel ou d'autres viandes et légumes.

ASTUCES CUISINE

COUSCOUS À CUISSON RAPIDE
Mettez dans une casserole 1 c. à soupe de beurre ou d'huile, 375 ml (1 1/2 tasse) d'eau ou de bouillon et des épices ou fines herbes au goût. Amenez à ébullition et incorporez graduellement 250 g (1 tasse) de couscous. Ramenez à ébullition, puis retirez du feu. Couvrez et laissez reposer 10 minutes. Passez une fourchette à travers les grains avant de servir.

LA POLENTA

La polenta est une préparation épaisse de farine de maïs grossière cuite dans de l'eau ou du bouillon. Elle est populaire dans le nord de l'Italie où elle accompagne les viandes rôties, la saucisse et les ragoûts. Mélangez-la à du beurre, de l'huile ou du fromage, ou encore servez-la avec une sauce tomate. La polenta peut être refroidie, coupée en tranches et frite, ou cuite au four. Il faut remuer constamment pendant la cuisson, jusqu'à l'obtention d'une masse épaisse et crémeuse.

INGRÉDIENTS

1 l (4 tasses) d'eau
1 1/2 c. à thé de sel
250 g (1 tasse) de polenta
4 c. à soupe de beurre doux
3 à 4 c. à soupe de parmesan
   fraîchement râpé

1 Mettez l'eau et le sel dans une casserole épaisse et profonde, et amenez à ébullition. Incorporez graduellement la polenta en remuant constamment. Ajoutez la moitié du beurre.

2 Réduisez à feu doux tout en remuant la préparation à l'aide d'une cuillère de bois, de 15 à 20 minutes, jusqu'à épaississement. La préparation se détachera des parois de la casserole. Retirez du feu et ajoutez le reste des ingrédients. Servez immédiatement comme accompagnement chaud.

3 Pour servir la polenta en tranches, suivez les étapes 1 et 2, mais omettez le beurre et le fromage, au goût. Versez la préparation chaude dans un moule à pain, à gâteau ou une plaque à biscuits bien huilés. Étendez uniformément. Faites refroidir au réfrigérateur pour raffermir la polenta. Servez les tranches de polenta grillées nappées de sauce tomate ou à la viande, ou encore avec des champignons sautés à l'ail.

LE MAÏS ET LA FARINE DE MAÏS

Dans certains pays, surtout aux États-Unis, on utilise pratiquement autant le maïs que le blé. Il y a beaucoup de variétés de maïs, dont le maïs bleu qu'on doit aux Amérindiens. Il est plutôt doux et a un goût de terroir. En général, on moud le maïs et on en fait des tortillas ou des croustilles.

La farine de maïs est moulue finement à partir de blé séché ou de maïs jaune. La plupart du temps, on retire d'abord le grain de l'enveloppe et de l'épi. C'est un ingrédient de base dans de nombreux pays. La farine de maïs bouillie (4 parts d'eau pour 1 part de farine de maïs) donne une céréale chaude à servir avec du sirop ou du beurre ou un accompagnement, une fois refroidie, tranchée et frite. On en fait aussi des crèmes, du pain de maïs, des muffins et des tortillas. Elle sert de chapelure croustillante pour le poisson.

La fécule de maïs est un amidon en poudre fine tiré des grains de maïs. Elle sert à épaissir les sauces, en particulier en cuisine chinoise. La fécule allège aussi certaines farines pour confectionner des pâtisseries délicates ou des sablés. Pour 250 g (1 tasse) de farine, remplacez de 1 à 2 c. à soupe de farine par une quantité égale de fécule de maïs.

Le maïs lessivé consiste en grains de maïs d'abord ramollis par trempage, puis cuits longuement dans du lait. On peut l'acheter en grains ou finement moulu.

Le gruau de maïs est un maïs lessivé moulu fin. Les grains blancs sont cuits dans l'eau jusqu'à consistance crémeuse et servis au petit déjeuner ou comme accompagnement. Il est des plus populaire dans le sud des États-Unis.

LES LÉGUMINEUSES

Les légumineuses incluent les pois, les haricots et les lentilles. Ces graines sont comestibles et proviennent des plantes à gousses. On les achète souvent séchées. Il s'agit de la denrée la plus consommée, après les céréales, à l'échelle mondiale. Les légumineuses sont riches en protéines et en hydrates de carbone, et s'avèrent indispensables aux régimes végétariens. Avec les céréales, elles forment une protéine complète. Céréales et légumineuses constituent la base de nombreux mets dans le monde.

GLOSSAIRE DES HARICOTS

Il y a une variété infinie de haricots, de lentilles et de pois séchés, de diverses grosseurs, couleurs et formes. La plupart doivent tremper au moins quatre heures. Gagnez du temps en les faisant tremper la nuit. Il n'est pas nécessaire de faire tremper les lentilles et les pois concassés, quoique cela réduise leur durée de cuisson.

Le haricot aduki est un petit haricot rouge et sucré d'Asie. Au Japon, on l'appelle « le roi des haricots ».

Le haricot noir a une surface lisse et luisante. Il conserve bien sa forme. Il est populaire dans les soupes et les ragoûts.

Les doliques sont de petits haricots ovales, beige pâle avec un œil noir sur le côté, lequel présente un petit point beige au centre.

Le haricot borlotti, ou *haricot rose*, est un haricot italien de grosseur moyenne en forme de rognon, de couleur rougeâtre avec des stries, souvent servi en salade.

Les fèves de Lima, vert pâle, plates et ovales, ressemblent aux haricots beurre. Elles ramollissent à la cuisson.

Les canellini, aussi appelée haricots fazolia, sont un ingrédient important de la soupe minestrone.

Le garbanzo ou *pois chiche* (*ceci* en italien) est un haricot rond à surface plissée. Il demande un long trempage et une cuisson prolongée. Il est des plus populaires dans les mets du Moyen-Orient.

Les pois secs sont des petits pois des champs très communs dans la région méditerranéenne. Ils vont de bleu-gris à brun-noir.

Les pois cassés sont des pois verts séchés coupés en deux lors du

Haricots aduki

Pois chiches

Haricots beurre

Doliques

Haricots borlotti

GLOSSAIRE DES HARICOTS SUITE

écorticage. Les pois jaunes cassés sont
us doux que les verts; ils sont plus
ucrés et moins pâteux que les pois
ntiers. Ils constituent l'ingrédient principal
e la soupe aux pois et au jambon.

es flageolets sont des haricots doux,
ert pâle, qui accompagnent souvent les
lats d'agneau en France.

e haricot Great Northern est un haricot
lanc à saveur douce et à texture fari-
euse qui retient bien sa forme. Très
épandu, il est plus gros que le haricot
lanc ou que le petit haricot rond blanc.

verte du Puy garde bien sa forme et est
délicieuse comme accompagnement chaud
ou en salade. Les lentilles jaunes ou
rouges entrent dans le dal, un plat indien.

Les haricots pinto ont une forme ovale.
D'un joli beige parsemé de taches roses,
ils remplacent bien les haricots rouges.

Les graines de soja sont de petits haricots
ronds d'Asie noirs ou beiges. Riches en
hydrates de carbone, ils servent à la
production de nombreux autres produits,
notamment le lait de soja et la sauce soja.

Pois secs

Lentilles

Haricots blancs

es haricots rouges sont lisses et
uisants, en forme de rognon, et
ont soit rouges, blancs ou noirs.
e plus connu est le nourrissant
aricot rouge qu'on retrouve dans
e chili con carne.

es lentilles, plus savoureuses
etites, sont vertes, rouges ou
runes Elles n'ont pratiquement
as besoin de trempage. La lentille

Graines de soja

Haricots rouges

LE TREMPAGE ET LA CUISSON DES LÉGUMINEUSES

À part les lentilles et les pois cassés, il faut faire tremper les légumineuses séchées afin de réduire le temps de cuisson, de les rendre plus digestibles et moins aptes à se fendre. Les pois chiches et les graines de soja sont plutôt denses et exigent un trempage plus long.

1 Retirez les haricots ou les pois de mauvaise qualité. Rincez les autres à l'eau courante froide. Mettez-les dans un grand bol et recouvrez-les d'au moins 2,5 cm (1 po) d'eau froide. Laissez tremper de 6 à 8 heures ou toute la nuit. Égouttez et rincez bien.

2 Vous pouvez aussi déposer les légumineuses dans une grande marmite, les couvrir d'eau froide et amener le tout à ébullition. Faites bouillir deux minutes, retirez du feu, couvrez et laissez reposer une heure. Égouttez et rincez.

3 Transvidez les légumineuses dans une grande marmite ou un fait-tout et couvrez d'eau froide (3 parts d'eau pour 1 part de légumineuses). Amenez à ébullition à feu moyen-vif. Faites bouillir pendant 10 minutes. Laissez mijoter 45 minutes ou 1 heure, selon la variété ou l'âge des légumineuses.

4 Une fois cuites, les légumineuses sont tendres à l'intérieur, avec une enveloppe ferme.

LE SAVIEZ-VOUS ?

Il faut maintenir une forte ébullition pendant les premières 20 minutes de cuisson des légumineuses afin d'éliminer les toxines de l'enveloppe. Réduisez le feu et laissez mijoter doucement pour terminer la cuisson. Cela ne s'applique pas aux lentilles ni aux pois cassés. Amenez-les simplement à ébullition, puis faites-les mijoter à feu doux.

LE CHILI CON CARNE

Vous pouvez préparer ce mets sur la cuisinière ou au four. Pour la cuisson au four, préchauffez le four à 160 °C (325 °F).

1 Hachez finement les oignons et l'ail au robot culinaire. Mettez-les ensuite dans un fait-tout et faites-les frire avec un peu d'huile d'olive jusqu'à ce qu'ils soient tendres. Ajoutez la poudre de chili, le chili frais et le cumin, puis salez et poivrez. Incorporez le bœuf haché et poursuivez la cuisson en remuant pour faire brunir la viande. Au robot culinaire, mettez les tomates séchées en purée avec un peu d'huile pour obtenir une pâte. Versez cette pâte dans la préparation au bœuf avec les tomates, le 1/2 bâton de cannelle et 250 ml (1 tasse) d'eau.

INGRÉDIENTS

2 oignons moyens
1 gousse d'ail
Huile d'olive
2 c. à thé de poudre de chili
1 chili rouge frais, épépiné et finement haché
1 c. à thé de cumin moulu (ou écrasé)
Sel de mer et poivre noir fraîchement moulu
500 g (1 lb) de bœuf haché
250 g (1 tasse) de tomates séchées dans l'huile d'olive
2 boîtes de 500 g (1 lb) de tomates broyées
1/2 bâton de cannelle
2 boîtes de 500 g (1 lb) de haricots rouges

2 Amenez le tout à ébullition et couvrez. Réduisez le feu et laissez mijoter ou mettez au four préchauffé pendant 1 1/2 heure environ. Ajoutez les haricots rouges 30 minutes avant la fin de la cuisson. Ces haricots sont déjà cuits, il suffit de les réchauffer. Servez sur du riz.

LES FRUITS

La vaste gamme des fruits sur le marché permet de préparer un nombre infini de collations et de mets sains et délicieux, même pour les cuisiniers en herbe. Les fruits sont faciles à peler et à préparer. Ils peuvent donner une touche d'exotisme à vos recettes habituelles.

LES FRUITS

Les fruits exhibent une grande variété de couleurs, de saveurs et de textures. Souvent, les gens les consomment en collation. Toutefois, ils font aussi partie des repas, de la banane tranchée dans les céréales à la tarte aux pommes du repas du soir. On les sert en amuse-gueule, en soupes, en salades ou dans les mets principaux; de plus, ils accompagnent le fromage à merveille. On en fait des marinades, des conserves et, bien sûr, des desserts. On peut les consommer crus, pochés, sautés, en pâte, frits, bouillis, cuits au four ou en purée. Les fruits entrent dans la confection de mousses, de sauces, de tartes, de sorbets et de glaces.

COMMENT CHOISIR ET FAIRE MÛRIR LES FRUITS
Choisissez un fruit lourd pour sa grosseur. Il doit dégager un parfum frais et être tendre au toucher près de la tige. Laissez mûrir les fruits immatures à la température de la pièce. Vous pouvez ensuite les réfrigérer, peu de temps toutefois, car les fruits mûrs ne se conservent pas longtemps. Pour accélérer la maturation, mettez le fruit dans un sac en papier opaque.

COMMENT NETTOYER LES FRUITS
Lavez toujours les fruits à pelure comestible – pommes, poires, prunes, nectarines et raisins – avant leur consommation, mais lavez les baies délicates au besoin seulement. Certains fruits, comme les pommes et les citrons, présentent une couche cireuse à leur surface. Nettoyez-les bien à l'eau avant de les râper, de les couper en julienne ou de les manger.

COMMENT PRÉVENIR L'OXYDATION
Les pommes, les poires, les pêches, les bananes et les avocats brunissent rapidement une fois coupés. Cette oxydation résulte d'une réaction des enzymes avec l'air. Pour la ralentir, frottez la surface coupée avec un acide comme le jus de citron, de limette, d'orange ou de pamplemousse.

LES VARIÉTÉS DE FRUITS
On peut répartir les fruits en huit catégories : les fruits à pépins, les agrumes, les baies, les raisins, les drupes à noyau, les melons, les fruits exotiques et les fruits tropicaux. Les fruits à pépins, à pelure mince et à chair ferme, poussent dans les arbres. Leur cœur contient des pépins : par exemple, pommes, poires, pommes sauvages et coings. Les drupes ont une pelure épaisse et un gros noyau au centre : les abricots, pêches et prunes sont des drupes.

LES FRUITS TROPICAUX ET EXOTIQUES

De nos jours, on trouve des fruits tropicaux presque partout. La plupart se mangent crus. On en fait aussi des desserts cuits. Mis en purée, ils deviennent des sorbets et des glaces.

Pelez toujours *les bananes jaunes*. Tranchez-les et ajoutez-les aux salades de fruits, aux bagatelles ou aux crèmes. Les bananes en purée rehaussent la saveur des gâteaux, des pains éclair et des muffins en plus de leur donner une texture moelleuse.

L'ananas est l'un des fruits tropicaux le plus polyvalents. On le coupe en tranches, en pointes ou en morceaux. Coupé en deux, il fait de jolies pirogues à remplir avec d'autres fruits. L'ananas frais contient une enzyme, la broméline, qui dissout la gélatine. Il ne faut donc jamais l'utiliser dans les desserts à base de gélatine. Utilisez plutôt des ananas en conserve ou cuits.

Préparez *la papaye* comme le melon. Coupez sur le long, enlevez les graines noires et les fibres, puis servez. La papaïne naturelle contenue dans le jus de papaye peut attendrir la viande et ne nuit pas à la prise de la gélatine.

Les kiwis ont un goût sucré, mais aigre, et une chair vert éclatant avec de petites graines noires. Le kiwi nuit lui aussi à la prise de la gélatine.

Le fruit de la passion est le fruit de la grenadille. Sa pelure plissée est d'un brun pourpre foncé. Sa pulpe goûte un peu

l'orange et présente des graines noires. Sa saveur intense agrémente bien les crèmes pâtissières et les sauces.

L'avocat est très populaire. On le mange aussi bien seul, légèrement cuit, tranché en salade qu'écrasé en trempette. On en fait aussi des soupes ou des mousses.

Les mangues ont un parfum puissant et contiennent beaucoup de jus. Elles se prêtent à toutes sortes d'utilisations.

Vous pouvez faire cuire légèrement *les figues* au four, en faire des compotes ou les manger telles quelles.

Dans beaucoup de civilisations de l'Antiquité, *les baies de la grenade* symbolisaient la fertilité. Le jus de ce fruit est encore apprécié dans les régions méditerranéennes.

Avocat

Grenades

Figues

LA CUISSON DES FRUITS : LE POCHAGE

Même si on mange souvent les fruits nature ou crus en salade et en desserts, on en fait aussi de nombreux desserts cuits. Les fruits peuvent être pochés, cuits au four, grillés, réduits en purée et utilisés comme garniture. Le sucre et le citron viennent rehausser la saveur des recettes comportant des fruits, cuits ou non. Le fruit poché se sert seul ou en compote. Utilisez un sirop simple aromatisé – vanille, citron, orange, cannelle, clou de girofle ou vin – selon la recette.

1 Préparez un sirop simple. Pour ce faire, faites chauffer 500 ml (2 tasses) d'eau et 250 g (1 tasse) de sucre dans une casserole à feu doux jusqu'à ce que le sucre soit dissous. Amenez le liquide à ébullition pendant une minute. Le sirop sera transparent. Pelez et évidez le fruit. Déposez-le doucement dans le sirop et couvrez d'une feuille de papier sulfurisé (pour le maintenir dans le liquide).

2 Faites mijoter jusqu'à ce que le fruit soit tendre lorsque vous y enfoncez la lame d'un couteau. Le temps de pochage varie selon le fruit et son degré de maturité. Retirez du feu. Laissez refroidir le fruit dans le liquide de cuisson.

LA GRANDE FRITURE

Certains fruits conviennent à la grande friture, mais il faut enrober les morceaux de pâte à frire. Saupoudrez ces « beignets » de sucre glace avant de les servir.

LES PÂTES, LES NOUILLES ET LES BOULETTES DE PÂTE

Nous utilisons les pâtes depuis longtemps, mais elles sont vraiment à la mode depuis les années 1980. Au menu de tous les restaurants et dans les supermarchés, les épiceries fines italiennes ou aux comptoirs de pâtes artisanales, les pâtes sont sans doute l'un des aliments le plus populaires du monde. Les nouilles gagnent en popularité en raison de l'intérêt croissant pour la cuisine orientale. Les boulettes de pâte constituent un accompagnement traditionnel, nourrissant et réconfortant, en ragoûts comme en desserts.

LES PÂTES

À base de farine sans levain et de liquide (de l'eau ou des œufs), les pâtes s'avèrent polyvalentes, peu coûteuses et nutritives. Elles sont un aliment de base depuis l'Antiquité en Italie, au Moyen-Orient et en Asie. Dès qu'on a commencé à les produire en usine à Naples, en Italie, au XVIIIe siècle, les pâtes se sont répandues partout.

Il y a deux types de pâtes : les pâtes sèches et les pâtes fraîches. À l'achat, vérifiez si les mots « blé dur » ou « *pasta di semola di grano duro* » apparaissent dans la liste des ingrédients des pâtes sèches. On trouve des pâtes sèches de nombreuses formes, grosseurs et saveurs, par exemple aux épinards, à la betterave, aux fines herbes et à l'ail. Elles portent leur nom italien. Il y a peu de nouilles aux œufs sèches sur le marché. Les plus connues sont les nouilles hollandaises de la Pennsylvanie. Les pâtes sèches se conservent indéfiniment dans un endroit frais et sec.

Depuis quelques années, les pâtes fraîches constituent un produit chic et recherché. Elles contiennent de la farine, des œufs et parfois un peu d'huile et de sel pour la saveur. On les roule à la main ou à la machine, puis on les coupe en boucles, en spirales ou autres. On peut aussi les farcir. Les pâtes fraîches exigent une farine dense ou une farine pour pâtes, car les pâtes à la semoule sont difficiles à rouler en couche mince et à manipuler. On peut faire les pâtes à la main ou au robot culinaire. La machine à pâtes est indispensable pour pétrir, rouler et couper les pâtes maison.

GLOSSAIRE DES PÂTES

Lasagne nature

Fusilli tricolore

Pipe rigate

Spaghetti de blé entier

GLOSSAIRE DES PÂTES SUITE

Il y a des centaines de formes de pâtes, soit sèches ou fraîches.

La lasagne est une nouille plate sèche ou fraîche d'au moins 5 cm (2 po) de largeur. Une fois cuite, on l'étend dans un plat allant au four en alternance avec une sauce tomate, à la viande ou au fromage, ou encore avec des légumes ou des fruits de mer.

Le fusilli tricolore a la forme d'un tire-bouchon d'environ 5 cm (2 po) de long. Certains ont la longueur d'un spaghetti.

Le farfale est une pâte en forme de boucle d'au moins 5 cm (2 po) de long et 2 cm (3/4 de po) de large, plus étroite au centre.

Le pipe rigate est une petite pâte cannelée.

Les conchiglie sont de petites coquilles.

Les penne rigate sont des tubes cannelés de 5 cm (2 po) de long coupés à la diagonale.

Les campenelle aux œufs se servent avec une sauce contenant de gros morceaux.

Les tagliatelle (*paglia e fieno*) sont des rubans plats de 0,5 cm (1/4 po) de large.

Les cannelloni sont des tubes de 7 à 10 cm (3 à 4 po) de long, farcis, recouverts de sauce, puis cuits au four.

Les spirales, ou *rotelle*, sont de courtes pâtes de 5 cm (2 po) de long, en forme de tire-bouchon.

Les macaronis, ou *coudes*, sont de courts tubes vides, souvent servis avec une sauce au fromage.

Les spaghettis sont de longues pâtes faites avec de la farine blanche ou de blé entier. Le spaghettini est un spaghetti fin.

Le ravioli est une pâte en général fraîche, carrée, farcie d'une préparation de viande, de fromage ou de légumes.

Les tortellini sont des pâtes fraîches farcies d'une préparation de fromage, de viande ou autres, façonnées en forme d'anneau.

Les capolli d'angclo sont des brins très fins comme des « cheveux d'ange ».

Penne rigate

Macaroni

Tagliatelle paglia e fieno

Tortellini au ricotta et aux épinards (frais)

Ravioli (frais)

Cheveux d'ange (frais)

LES RECETTES DE BASE DE PÂTES AUX ŒUFS

Comme pour le pain ou les pâtisseries, la quantité de liquide requise variera selon le type de farine utilisé.

INGRÉDIENTS

500 g (2 tasses) de farine
1 c. à thé de sel
1 c. à soupe d'huile (facultatif)
3 œufs moyens, légèrement battus

1 Mettez la farine et le sel dans un bol ou sur une surface de travail. Mêlez. Faites un puits au centre. Ajoutez les œufs et l'huile, le cas échéant.

2 À l'aide d'une fourchette ou du bout des doigts, incorporez doucement la farine au liquide jusqu'à la formation d'une pâte molle. Si la pâte est très collante, ajoutez un peu de farine.

3 Pétrissez la pâte sur la surface de travail de 8 à 10 minutes. La pâte doit être lisse et élastique. Ajoutez un peu de farine au besoin.

4 Placez un bol à l'envers sur la pâte. Laissez reposer environ 20 minutes. Vous pouvez aussi mettre la pâte dans un bol recouvert d'une pellicule de plastique. Réfrigérez-la toute la nuit ou jusqu'au moment de la rouler.

LES PÂTES DE COULEUR

Les pâtes sèches du commerce peuvent avoir diverses couleurs. Si vous faites des pâtes de couleur à la maison, rappelez-vous que vous devrez peut-être ajouter un peu de farine à la recette de base pour compenser le surcroît d'humidité.

Pour des *pâtes vertes*, ajoutez aux œufs 375 g (12 oz) d'épinards ou de bettes à carde frais, préalablement cuits, égouttés et hachés finement.

Pour des *pâtes rouges*, ajoutez aux œufs 1 à 2 c. à soupe de purée de tomate ou de tomates séchées finement hachées; ou 4 c. à soupe de purée de carottes ou de poivrons rouges.

Pour des *pâtes pourpres*, ajoutez aux œufs 1 1/2 c. à soupe de purée de bettes à carde.

Pour des *pâtes aux fines herbes*, ajoutez aux œufs 2 c. à soupe de fines herbes ciselées telles que le persil, l'estragon ou la coriandre, ainsi qu'une ou deux gousses d'ail hachées fin, au goût.

Pour des *pâtes au citron*, ajoutez aux œufs 1 1/2 c. à soupe de zeste de citron et 1/2 c. à soupe de jus de citron.

Pour des *pâtes jaunes* ou *au safran*, ajoutez 1/2 c. à thé de safran moulu à la farine, ou bien trempez quelques filaments de safran dans 1 c. à soupe d'eau chaude et ajoutez aux œufs.

Pour des *pâtes au blé entier*, remplacez de 60 à 125g (1/4 à 1/2 tasse) de farine blanche par la même quantité de farine de blé.

COMMENT ROULER ET COUPER LES PÂTES À LA MAIN

Séparez la pâte en trois ou quatre parties. Travaillez un morceau à la fois. Entre-temps, couvrez le reste de la pâte pour éviter qu'elle ne s'assèche.

1 À l'aide d'un rouleau pour les pâtes ou d'un rouleau à pâtisserie très long, roulez la pâte sur une surface enfarinée jusqu'à 0,3 cm (1/4 po) d'épaisseur, ou plus mince, toujours à partir du centre. Si la pâte devient trop élastique, couvrez-la d'un linge humide pendant quelques minutes et laissez-la reposer.

2 Pour faire des formes spéciales, coupez la pâte alors qu'elle est encore fraîche et élastique. Si vous faites le découpage à la main, saupoudrez un peu de farine sur la pâte roulée et laissez sécher de 10 à 20 minutes. (Si vous utilisez une machine, 5 à 10 minutes suffisent.)

COMMENT COUPER LES NOUILLES À LA MAIN :

1 Roulez la pâte. Coupez-la en travers en bandes de 0,3 cm (1/8 po) pour les fettucine, de 0,5 cm (1/4 po) pour les tagliatelle et de 1,5 cm (1/2 po) pour les parpadelle ou nouilles aux œufs larges.

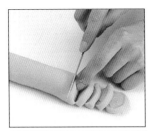

2 Déroulez les nouilles et étendez-les sur un linge propre saupoudré de farine pour éviter qu'elles ne collent. Ou encore, suspendez-les sur un séchoir à pâtes, un porte-serviettes ou un manche à balai appuyé sur le dossier de deux chaises. Faites sécher les pâtes de deux à trois heures avant de les faire cuire. Pour réfrigérer, étagez les pâtes dans un contenant hermétique, saupoudrant de la farine entre chaque couche.

COMMENT ROULER ET COUPER LES PÂTES À LA MACHINE

Si vous voulez faire des pâtes régulièrement, il est bon d'investir dans une machine à pâtes. En plus d'aplatir et de couper les pâtes, cette machine fait aussi le pétrissage.

1 Pour pétrir la pâte, réglez les rouleaux de la machine à la position la plus espacée. Enfarinez la pâte et les rouleaux. Aplatissez légèrement la pâte pour alimenter la machine tout en tournant la poignée.

2 Pliez la pâte en trois : rabattez un tiers par-dessus le tiers du milieu, puis le tiers opposé par-dessus à son tour.

3 Insérez la pâte dans la machine de nouveau, le côté ouvert d'abord. Recommencez de 6 à 8 fois, en ajoutant de la farine sur les pâtes et les rouleaux au besoin. Vous avez fini le pétrissage.

COMMENT ROULER ET COUPER LES PÂTES À LA MACHINE SUITE

4 Pour rouler et aplatir la pâte, rapprochez les rouleaux d'un degré. Passez la pâte dans la machine, sans la plier. Rapprochez les rouleaux une autre fois. Passez la pâte à travers les rouleaux. Continuez de même jusqu'à ce que la pâte soit assez mince pour l'étape du découpage, soit de 0,3 cm (1/8 de po) d'épaisseur ou moins. (La pâte devrait mesurer environ 1 m [1 verge] de long.) Étalez la pâte sur une surface de travail, saupoudrez de farine et laissez sécher de 10 à 15 minutes. Cela empêche les pâtes de coller aux rouleaux durant le découpage.

5 Pour couper la pâte, enfarinez légèrement une plaque à biscuits ou un linge placé sous la machine. Réglez la machine à l'encoche de la coupe et attachez le rouleau de coupe comme indiqué. Insérez la pâte dans la machine, laissant les pâtes coupées tomber sur la plaque ou le linge. Saupoudrez-les de farine ou de semoule. Conservez comme les pâtes coupées à la main.

COMMENT PRÉPARER LES PÂTES FARCIES

Préparez la farce et roulez les pâtes très fin à l'avance, soit 0,4 cm (1/6 de po). Puisque les pâtes farcies ont deux épaisseurs de pâte, elles doivent être très minces. Environ 500 g (1 lb) de farce remplissent de 25 à 30 morceaux.

LES RAVIOLIS :
1 Étendez une feuille de pâte sur une surface légèrement enfarinée et coupez-la en deux. Sur une moitié, déposez la farce par petites cuillerées en rangées verticales, à environ 4 cm (1 1/2 po) d'intervalle.
2 Trempez la pointe d'un pinceau à pâtisserie ou vos doigts dans un peu d'eau et humectez la pâte autour des boules de farce.

3 Mettez l'autre moitié de la pâte par-dessus la couche farcie. Pressez fermement la pâte autour des boules de farce.

4 À l'aide d'un couteau de chef ou d'une roulette à pizza, faites des entailles verticales, puis horizontales, entre les boules de farce. Appuyez sur les bords des raviolis avec une fourchette pour sceller les bords. Saupoudrez de farine pour éviter que les raviolis ne collent ensemble.

5 Vous pouvez aussi couper les raviolis avec un emporte-pièce rond ou d'une autre forme, puis saupoudrez de farine. Laissez les raviolis sécher légèrement avant la cuisson ; les pâtes fraîches se conservent près d'une journée.

LES TORTELLINIS :

1 Utilisez un emporte-pièce rond d'environ 5 cm (3 po) de diamètre. Découpez le plus de ronds de pâte possible. Placez une petite cuillerée de farce au centre de chaque morceau. Mouillez les bords avec de l'eau.

2 Pliez chaque rond en deux de façon à emprisonner la farce. Vous obtenez une demi-lune. Appuyez bien sur les bords pour sceller.

3 Mouillez les extrémités de la demi-lune. Enroulez la pâte autour de votre index, puis pincez les bouts ensemble pour les coller.

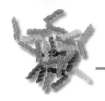

LA CUISSON DES PÂTES

Les pâtes, sèches ou fraîches, ont le même mode de cuisson, c'est-à-dire dans l'eau bouillante salée. Prévoyez environ 2 l (8 tasses) par 500 g (1 lb) de pâtes. Ajoutez 1 c. à soupe de sel par 500 g (1 lb) de pâtes. Au goût, vous pouvez verser 1 c. à soupe d'huile à l'eau bouillante. Selon certains, l'huile empêcherait les pâtes de coller ensemble.

1 Amenez une grande marmite d'eau salée à ébullition, à feu vif. Mettez-y les pâtes et ramenez à ébullition le plus rapidement possible, en remuant de temps à autre.

2 Pour faire cuire les spaghettis, tenez-les d'une main et plongez l'autre extrémité dans l'eau bouillante, lentement. Ils vont s'attendrir et ramollir. Plongez-les complètement dans l'eau et séparez-les à l'aide d'une grande fourchette.

3 Quand l'eau bout de nouveau, réduisez le feu et poursuivez la cuisson à moyenne ébullition. Respectez le temps de cuisson suggéré sur l'emballage. Cependant, vérifiez la cuisson quand vous atteignez la durée la plus courte qui est indiquée. Les pâtes fines, comme les cheveux d'ange, cuisent en 3 minutes, alors que les rigatonis peuvent prendre au moins 12 minutes. Pour vérifier la cuisson, prenez un morceau de pâte avec une cuillère à égoutter. Rincez-le à l'eau froide et goûtez-y. Il doit être *al dente,* c'est-à-dire ferme sous la dent. Vous devriez pouvoir couper la pâte en deux avec un petit couteau tranchant. La pâte doit avoir l'air bien cuite, sans trace de pâte opaque au centre.

4 Pour arrêter la cuisson, versez 250 ml
(1 tasse) d'eau froide dans la marmite.
Égouttez immédiatement les pâtes à l'aide
d'une passoire.

5 Les pâtes fraîches cuisent en moins d'une
minute. Plongez-les dans l'eau bouillante :
elles sont cuites dès qu'elles remontent à
la surface. Les pâtes farcies cuisent en 7 à
10 minutes, à cause de leurs deux épaisseurs
de pâte.

LA CONSERVATION DES PÂTES

LE SÉCHAGE DES PÂTES :
Si vous n'utilisez pas les pâtes fraîches une heure ou deux après leur confection, vous devrez les faire sécher sinon elles moisiront. Suspendez les pâtes
pendant plusieurs heures sur un séchoir à pâtes, un porte-serviettes ou un
manche à balai appuyé sur le dossier de deux chaises.

LES NOUILLES :
Faites de petits nids avec les nouilles en les enroulant sur elles-mêmes.
Déposez les nids sur une plaque à biscuits ou un linge enfariné. Placez les
nouilles en étages dans un contenant en plastique saupoudrées de farine,
de semoule de blé ou de maïs. Insérez une feuille de papier ciré ou
parchemin entre les couches pour éviter qu'elles ne collent. Réfrigérez
jusqu'à trois jours.

LES PÂTES FARCIES :
Conservez les pâtes farcies sur une plaque à biscuits, saupoudrées de semoule
de blé ou de maïs, au maximum 24 heures.

LES NOUILLES ET LES BOULETTES DE PÂTE

Dans les cultures orientales et autres, on consomme les pâtes sous forme de nouilles. Ces nouilles sont fraîches ou sèches. Elles contiennent de la farine de blé, de soja ou de riz, et parfois des œufs. Souvent, on fait cuire ces nouilles comme les pâtes italiennes. Par contre, on en fait tremper certaines pour les préparer à la consommation ou à la friture.

Les boulettes de pâte sont de petits amas de pâte, parfois à la levure, pochées dans de l'eau, du bouillon ou du lait à faible ébullition. Elles sont faciles à préparer, mais leur cuisson est délicate. Si la recette indique de les couvrir pendant la cuisson, n'enlevez jamais le couvercle. Quand vous le remettez, la température augmente et les boulettes cuisent trop. Prévoyez de l'espace, car les boulettes prennent du volume en cuisant. Maintenez une faible ébullition, sinon les boulettes vont se défaire.

GLOSSAIRE DES NOUILLES

Les nouilles cellophane sont faites de farine de haricot. On s'en sert dans la plupart des cuisines orientales. La version japonaise, les nouilles Harusame, est faite de farine de riz. On les fait tremper avant la cuisson.

Les nouilles aux œufs fraîches sont à base de farine de blé et d'œufs. Ce sont les plus répandues, tant dans les soupes que les sautés au wok.

Les nouilles de riz sont de fines nouilles blanches séchées en nids. Faites-les tremper environ deux heures avant de les faire bouillir. Le papier de riz vendu en rondelles est mince, sec et transparent. Il entre dans la confection des rouleaux printaniers thaïlandais ou vietnamiens.

Les bâtonnets de riz sont de fines nouilles utilisées dans les mets frits.

Les nouilles soba sont minces, plates et généralement à base de farine de sarrasin. Au Japon, on s'en sert en restauration rapide, par exemple dans les soupes aux nouilles. On peut aussi les servir froides avec une trempette.

Les nouilles somen sont des nouilles blanches et luisantes japonaises, qui cuisent en deux ou trois minutes. À servir froides avec une trempette.

Les nouilles udon sont de longues nouilles en ruban faites de farine de blé.

Les nouilles de blé sont d'origine chinoise et faites avec de la farine de blé, mais sans œufs.

Les enveloppes de raviolis chinois à la farine de blé sont de minces carrés d'environ 7,5 cm (3 po) de côté, vendus frais ou surgelés.

Les nouilles yifu sont des nouilles aux œufs en forme de galette ronde. On s'en sert dans les soupes et pour la friture au wok.

Nouilles de riz

Papier de riz

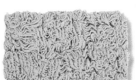

Nouilles soba

Nouilles yifu

Enveloppes de ravioli chinois

Nouilles aux œufs

BOULETTES À LA CHAPELURE DE PAIN AZYME
(KNAIDLACH)

INGRÉDIENTS

4 œufs, légèrement battus
5 c. à soupe de margarine ou de gras
  végétal ramolli, presque fondu
1/4 de tasse de bouillon de poulet ou
  d'eau
1 c. à thé de sel
1/4 de c. à thé de poivre
Pincée de cannelle ou de muscade
125 g (1/2 tasse) de chapelure de pain
  azyme

1 Battez les œufs avec la margarine ou le gras végétal presque fondu, le bouillon de poulet ou l'eau, le sel, le poivre et la cannelle.

2 Incorporez la chapelure et mélangez bien. Couvrez et réfrigérez environ une heure, afin de permettre au matzo d'absorber le liquide et de gonfler.

3 Mouillez vos mains. Formez des amas de pâte de 2 cm (3/4 de po) de diamètre. Plongez-les dans une soupe ou de l'eau à faible ébullition. Couvrez et laissez mijoter environ 20 minutes. Servez dans une soupe.

LA PÂTISSERIE

La pâte à pâtisserie est riche. Il s'agit de farine et d'une matière grasse liées par un liquide, avec ou sans levure. Tous les chefs rêvent de confectionner une pâte légère et feuilletée. Pour y arriver, il faut bien comprendre le rôle de chacun des ingrédients et leurs interactions. Ensuite, il faut respecter les règles de base de la préparation et du maniement de la pâte.

LA PRÉPARATION DE LA PÂTE À PATISSERIE

Il y a trois pâtes à pâtisserie de base : la pâte à tarte, qui est la plus courante; la pâte feuilletée des mille-feuilles ou des napoléons; enfin, la pâte à choux, pâte de base des choux à la crème et des profiteroles.

Il faut éviter de trop manier la pâte, car elle durcira. Toutes les pâtes ont besoin d'un moment de « relaxation ». La réfrigération facilite aussi leur maniement. Gardez les ingrédients bien froids entre chaque étape de préparation pour obtenir une pâte légère et feuilletée. Pour les pâtes riches, laissez-les à la température de la pièce de 10 à 15 minutes avant de les travailler. Enfarinez la surface de travail et le rouleau à pâtisserie.

LES INGRÉDIENTS DE LA PÂTE À PÂTISSERIE

La pâte à pâtisserie contient peu d'ingrédients, cependant ils peuvent grandement varier selon les résultats souhaités. Il importe de respecter les mesures dans la confection de la pâte. Il est préférable de peser les ingrédients que d'en mesurer le volume, si possible.

La farine est le principal ingrédient. L'idéal est une farine de blé très fine. Les farines dures donnent des pâtes plutôt fermes. La farine tout usage convient à la plupart des recettes. Les farines de blé ou de seigle font des pâtes plus lourdes. Utilisez une plus grande proportion de farine blanche que d'autres farines pour obtenir une pâte plus maniable.

Les matières grasses confèrent leur tendreté aux pâtisseries, de même que leur texture riche et leur saveur. On utilise habituellement 1/2 part de gras pour 1 part de farine. Plus une pâte contient de gras, plus elle est difficile à manier. Assurez-vous donc de la réfrigérer après chaque étape.

La plupart des pâtes à pâtisserie sont liées par des *liquides*, soit de l'eau, du lait ou d'autres liquides. Utilisez le moins de liquide possible, car la pâte sera collante, difficile à manier et dure. L'eau doit être très froide, voire glacée. On utilise habituellement 1 c. à thé d'eau pour 2 c. à soupe de farine. Cette quantité peut varier si la recette comprend d'autres liquides, des œufs ou des jaunes d'œufs.

On ajoute des *œufs* ou des jaunes d'œufs à une pâte pour lui donner de la richesse et de la saveur ainsi que pour lier les ingrédients. Certaines pâtes riches contiennent seulement des jaunes d'œufs, du gras et de la farine. Comme dans de nombreuses préparations, *le sel* rehausse la saveur des autres ingrédients. *Le sucre* adoucit la pâtisserie et la rend plus croustillante.

LA PÂTÉ BRISÉE

La pâte brisée est une pâte à tarte de base, solide et feuilletée tout en étant tendre. Dans cette pâte, on coupe le corps gras dans la farine. Utilisez un mélange mi-beurre, mi-gras, au goût. Rappelez-vous que le shortening produit une pâte moins tendre et malléable. Réfrigérez la pâte si elle est collante après l'ajout du liquide. Il n'est pas nécessaire de tamiser la farine, quoique cela allège la pâte. La recette ci-dessous convient à une abaisse de tarte de 23 à 25 cm (9 à 10 po) de diamètre.

INGRÉDIENTS

310 g (1 1/4 tasse) de farine
1/2 c. à thé de sel
1 c. à thé de sucre (facultatif)
6 c. à soupe de beurre doux ou de
   margarine, froids, en petits morceaux
2 c. à soupe de margarine ou de
   shortening, froids, en petits morceaux
2 à 4 c. à soupe d'eau glacée

1 Tamisez la farine, le sel et le sucre dans un grand bol. Déposez le gras sur la farine. Coupez-le jusqu'à l'obtention de morceaux de la grosseur d'un pois. Évitez de trop travailler la pâte ou de la laisser tiédir.

2 Versez environ 2 c. à soupe d'eau sur le mélange sec et mêlez à l'aide d'une fourchette. Rassemblez les boules de pâte qui se forment. Versez de l'eau et mêlez de nouveau jusqu'à ce que toute la farine soit mouillée. La pâte doit coller ensemble quand vous la pincez.

3 Façonnez la pâte en une boule grossière et enveloppez-la dans une pellicule plastique. Aplatissez en un disque de 2,5 cm (1 po) d'épais. Enveloppez serré et réfrigérez une heure ou toute la nuit.

PÂTÉ BRISÉE RICHE

INGRÉDIENTS

310 g (1 1/4 tasse) de farine tout
  usage
1/2 c. à thé de sel
1 à 2 c. à thé de sucre superfin
  (facultatif)
125 g (1/2 tasse) de beurre doux
  froid, en petits morceaux
1 jaune d'œuf, battu avec 2 c. à
  soupe d'eau

Pour une pâte brisée de blé entier,
utilisez 185 g (3/4 de tasse) de farine
avec 125 g (1/2 tasse) de farine de blé
entier, 1/2 c. à thé de sel, 3 c. à soupe
de beurre doux froid en morceaux, 1 c.
à soupe de margarine ou de gras et 1
jaune d'œuf battu avec 2 c. à soupe
d'eau glacée.

Pour une pâte brisée aux noix,
incorporez 2 à 3 c. à soupe de noix
finement hachées à la farine.

La pâte brisée très sucrée, riche et
fondante, n'est pas très malléable.
Réfrigérez-la si elle colle. Si elle est
trop difficile à rouler, moulez-la à la
main dans l'assiette à tarte en
enfarinant vos doigts. Utilisez 250 g
(1 tasse) de farine, 1/2 c. à thé de sel,
60 à 75 g (4 à 5 c. à soupe) de sucre
glace, 125 g (1/2 tasse) de beurre froid
doux en morceaux, 3 jaunes d'œufs
battus avec 1 c. à soupe d'eau glacée et
1/2 c. à thé de vanille.

La pâte aux noix riche est idéale avec
les crèmes et les garnitures cuites.
Moulez-la dans l'assiette à tarte, sans
la rouler. Dans un robot culinaire, mêlez
250 g (1 tasse) de beurre doux ramolli,
1 œuf légèrement battu, 1 c. à thé de
vanille ou d'essence d'amande
(facultatif), 250 g (1 tasse) de farine,
1/2 c. à thé de sel, 1 à 2 c. à soupe de
sucre et 250 g (1 tasse) de noix, pacanes, amandes, noisettes ou macadamia
hachées fin. Utilisez la fonction PULSE,
jusqu'à l'obtention d'un mélange lisse.
Ou bien, battez les ingrédients avec un
batteur électrique.

Les croûtes en miettes sont simples et
aimées dans les gâteaux au fromage et
les tartes glacées. Dans un robot culinaire, défaites en chapelure 375 g
(1 1/2 tasse) de biscuits Graham ou
d'autres biscuits. Ajoutez 6 c. à soupe
de beurre et 1 à 2 c. à soupe de sucre
(au goût). Mêlez. Écrasez dans un
moule à fond détachable ou une
assiette à tarte. Réfrigérez.

L'ABAISSE : COMMENT FORMER UN CERCLE DE PÂTE

Laissez la pâte riche ramollir de 10 à 15 minutes à la température de la pièce. Enfarinez légèrement la surface de travail et le rouleau à pâtisserie.

1 Avec le rouleau, appuyez sur la pâte pour imprimer quelques sillons parallèles. Tournez la pâte de 45 degrés et enfarinez la surface. Faites une autre série de sillons parallèles. Continuez ainsi jusqu'à ce que l'abaisse mesure 1,3 cm (1/8 de po) d'épaisseur.

2 À partir du centre, roulez la pâte jusqu'au bord opposé, sans le dépasser. Toujours à partir du centre, roulez vers le bord le plus proche, sans le dépasser. Tournez la pâte de 45 degrés à la fois. Roulez jusqu'à ce que l'abaisse mesure 0,3 cm (1/8 de po) d'épaisseur et 30 cm (12 po) de diamètre. Ajoutez de la farine au besoin.

3 Avec un petit pinceau à pâtisserie, enlevez la farine en excès. Rapiécez les déchirures avec des bouts de pâte humide.

4 Quand la pâte est grande, pliez-la en deux ou en quatre pour la tourner sans la déchirer ou l'étirer. Vous pouvez aussi l'enrouler autour du rouleau pour enfariner la surface.

5 Utilisez une assiette à tarte renversée comme gabarit. Découpez la pâte 5 cm (2 po) plus grande que l'assiette.

COMMENT FORMER UN CARRÉ DE PÂTE : Procédez comme pour un rond de pâte, mais tournez la pâte de 90 degrés au lieu de 45 quand vous faites vos sillons. La pâte prendra la forme d'un carré.

COMMENT CONGELER LA PÂTE

1 Glissez doucement la pâte roulée sur une plaque à biscuits. Mettez-la au congélateur. Quand elle est gelée, mettez l'abaisse dans un sac à congélation, fermez bien et remettez-la au congélateur.

2 Vous pouvez empiler plusieurs abaisses séparées par du papier ciré. Faites-les décongeler au réfrigérateur une nuit, ou à la température de la pièce quelques heures avant l'utilisation.

ASTUCE CUISINE

Le robot culinaire est là si vous avez les mains moites, si vous êtes malhabile ou si vous n'avez simplement pas le tour avec la pâte. Le truc : ne pas trop mêler.

1 Mettez la farine, le sel et le sucre dans le robot culinaire muni de la lame de métal. Mêlez 5 secondes. Déposez le gras sur le mélange de farine. À l'aide de la fonction PULSE, mêlez le tout jusqu'à obtenir des grumeaux.

2 Retirez le couvercle. Versez 2 c. à soupe d'eau glacée sur la préparation. Avec la fonction PULSE, mêlez de 10 à 15 secondes jusqu'à ce que le mélange se lie. *Ne mêlez pas trop.* Pincez la pâte entre vos doigts. Si elle est trop grumeleuse, ajoutez de l'eau, peu à peu, en mêlant chaque fois. Ne laissez pas une boule se former et n'ajoutez pas trop d'eau, sinon la pâte sera dure.

LA PÂTE FEUILLETÉE

1 Coupez le beurre en petits morceaux. Étendez-les dans une assiette et congelez-les 30 minutes. Pendant ce temps, refroidissez la surface de travail avec une plaque à rôtir remplie de glaçons.

2 Dans un robot culinaire muni d'une lame de métal, mêlez la farine, la fécule de maïs et le sel. Utilisez la fonction PULSE de 5 à 7 secondes. Déposez le beurre congelé sur la farine et mêlez 3 ou 4 fois. Le beurre formera des grumeaux.

3 Retirez le couvercle et versez de façon uniforme 125 ml (1/2 tasse) de crème, d'eau ou d'un mélange des deux. Mêlez 5 secondes. La pâte sera grumeleuse et collera si vous la pincez entre le pouce et l'index. Si la pâte est trop sèche, ajoutez un peu de liquide et mêlez de nouveau.

INGRÉDIENTS

250 g (1 tasse) de beurre doux
485 g (2 tasses moins 1 c. à soupe) de farine
1 c. à soupe de fécule de maïs
1 c. à thé de sel
125 à 185 ml (1/2 à 3/4 de tasse) de crème épaisse, ou d'un mélange mi-crème, mi-eau, très froids

4 Déposez la pâte sur une pellicule plastique et formez une boule. Aplatissez-la en un disque et enveloppez-la. Réfrigérez la pâte 20 minutes.

5 Enfarinez la surface de travail et roulez la pâte en un long rectangle, au moins trois fois plus long que large, soit environ 15 cm sur 45 cm (6 cm sur 18 po). Enlevez la farine en excès.

6 Repliez le tiers du bas sur le milieu, puis le tiers du haut sur le milieu, comme si vous pliiez une lettre. Enlevez la farine en excès.

7 Appuyez sur les rebords avec le rouleau pour les sceller. Tournez la pâte d'un quart de tour, un pli ouvert vers vous et l'autre à l'opposé. Formez un grand rectangle et pliez-le de nouveau en trois.

8 Appuyez sur les rebords avec le rouleau. Imprimez deux doigts dans le haut pour indiquer qu'il s'agit de la deuxième rotation. Enveloppez bien la pâte et réfrigérez 30 minutes.

9 Retirez la pâte du réfrigérateur, roulez-la et pliez-la deux autres fois. Avec vos doigts, faites des marques pour indiquer le nombre de rotations. Enveloppez la pâte et réfrigérez-la encore 30 minutes avant de l'utiliser, ou au maximum trois jours.

LA PÂTE À CHOUX

INGRÉDIENTS

250 g (1 tasse) de farine tamisée
250 ml (1 tasse) d'eau
1 c. à thé de sucre
1/2 c. à thé de sel
125 g (1/2 tasse) de beurre doux,
   en petits morceaux
4 œufs

1 Préchauffez le four à 220 °C (425 °F). Graissez une grande plaque à biscuits. Mettez l'eau, le sucre, le sel et le beurre dans une casserole. Amenez à ébullition à feu moyen ; le beurre doit fondre avant que l'eau ne se mette à bouillir. (C'est très important. Si l'eau doit bouillir pour faire fondre le beurre, les proportions des ingrédients pourraient changer.)

2 Retirez du feu dès que l'eau bout et que le beurre est fondu. Incorporez la farine en une fois et battez vigoureusement à l'aide d'une cuillère de bois. La pâte formera une boule et se détachera des parois de la casserole.

3 Remettez la casserole sur le feu et continuez de battre une minute environ pour assécher la pâte le plus possible sans la brûler. Retirez du feu et laissez refroidir un peu.

4 Ajoutez trois œufs, un à la fois, et battez bien. Au début, le mélange semblera repousser les œufs, mais finira par les absorber. Battez le quatrième œuf à la fourchette et ajoutez-le lentement à la pâte, jusqu'à ce qu'elle soit lisse, luisante et qu'elle se détache de la cuillère.

5 Utilisez deux cuillères pour former des boules de pâte. Laissez tomber les boules sur une plaque à biscuits, à 5 cm (2 po) d'intervalle.

6 Vous pouvez aussi utiliser une poche à douille munie d'un embout de 2 cm (3/4 po). Avec une pression uniforme, formez des boules ou des éclairs, selon la recette.

7 Badigeonnez les boules d'une dorure. Égalisez le dessus avec une fourchette humide. Mettez au four 15 minutes à 200 °C (400 °F). Poursuivez la cuisson 15 à 20 minutes, avec la porte du four entrouverte, pour faire gonfler et dorer les choux.

8 Déposez la plaque à biscuits sur une grille. Faites un petit trou sur le côté des choux ou des éclairs pour laisser la vapeur s'échapper. Remettez au four 5 à 10 minutes pour assécher. Laissez refroidir les choux sur une grille.

9 Pour remplir les choux, tranchez-leur la tête. Enlevez toute pâte non cuite ou molle. Remplissez de crème fouettée (chantilly) ou de crème pâtissière à la cuillère, puis replacez le couvercle. Saupoudrez de sucre glace ou nappez de sauce au chocolat.

LES PAINS ET LES GÂTEAUX

Faire du pain est réconfortant et enrichissant. Dès que vous comprendrez les propriétés de la farine et de la levure, vous réussirez de belles miches de pain. Les gâteaux sont populaires dans le monde, depuis toujours. Ils sont au cœur de nombreuses occasions, les anniversaires, mariages et baptêmes, entre autres.

LA CONFECTION DU PAIN

À la base, les pains contiennent de la farine, de l'eau, de la levure et du sel. Les œufs, le sucre, le lait, le beurre, les noix et les raisins, par exemple, donnent des pains plus riches, plus sucrés, semblables à des gâteaux. Différentes farines – blé entier, seigle, maïs ou flocons d'avoine – permettent de changer la texture.

La teneur en gluten et la consistance de la farine varient selon la région, la saison et même le sac. La quantité de liquide qu'une farine absorbe peut donc varier. Le gluten, une forme de protéine, absorbe le liquide et donne son élasticité à la pâte.

La levure est l'agent de fermentation habituel du pain. La première étape de la confection du pain, soit l'apprêt, confirme l'action de la levure et déclenche la fermentation. Le pétrissage est une étape déterminante. Il répartit la levure uniformément dans la pâte. Il faut faire lever la pâte pétrie une fois, parfois deux, selon la pâte et le type de levure.

Le sel ralentit la fermentation de la levure. Il régularise le gonflement de la pâte en plus de rehausser la saveur. En général, 1 c. à soupe rase de sel suffit pour 500 g (1 lb) de farine.

Le liquide lie la pâte et déclenche la fermentation de la levure. Il s'agit souvent d'eau, quoique le lait donne une pâte plus souple.

COMMENT UTILISER LA LEVURE

La levure est très sensible à la température. Elle agit le mieux à environ 29 °C (85 °F). À une température moindre, son action ralentit ou s'arrête; à plus de 59 °C (138 °F), elle meurt. On achète la levure sous deux formes : la levure pressée, ou levure fraîche en pain, et la levure sèche active. La levure pressée est périssable et parfois plus difficile à trouver. Elle doit être d'un beige crémeux et avoir une odeur de levure fraîche et douce. Jetez-la si elle présente des taches foncées ou si elle sent mauvais. La levure pressée se conserve jusqu'à deux semaines au réfrigérateur si elle est bien enveloppée. On la vend en pains de 15 g (1/2 oz) ou de 500 g (1 lb). Congelez-la jusqu'à un mois. La levure sèche active se trouve partout et se conserve pendant des mois dans un endroit sec et frais, bien qu'on recommande de la ranger au réfrigérateur.

LE PAIN BLANC FACILE

1 Mettez la levure dans un petit bol. Incorporez un peu d'eau tiède et de sucre. Brassez pour dissoudre.

2 Laissez reposer jusqu'à ce que la levure commence à agir. Elle gonflera et formera des bulles sur les bords. Si la levure ne gonfle pas, jetez-la et recommencez.

3 Entre-temps, amenez le lait à 43 °C (110 °F) environ. Ajoutez le beurre et faites-le fondre complètement. Réservez et ramenez à la même température que la levure.

INGRÉDIENTS

1 enveloppe (environ 1 c. à soupe) de levure sèche active

4 c. à soupe d'eau tiède, soit de 43 à 46 °C (110 à 115 °F)

1 à 2 c. à soupe de sucre

250 ml (1 tasse) de lait tiède, soit de 43 à 46 °C (110 à 115 °F)

3 c. à soupe de beurre coupé en dés

935 g (3 3/4 tasses) de farine, et plus

1 c. à soupe de sel

1 œuf battu avec 1 c. à soupe d'eau pour la dorure

4 Tamisez la farine, le sel et le reste du sucre dans un grand bol; mêlez. À l'aide d'une grosse cuillère, creusez un puits au centre. Versez-y la levure fermentée.

5 Versez le mélange de lait et de beurre dans le bol.

6 Avec une cuillère de bois, brassez la partie liquide en y attirant graduellement la farine.

7 Continuez jusqu'à ce qu'une pâte molle se forme et se détache des parois du bol. Si la pâte est trop mouillée et colle, ajoutez un peu de farine, une cuillerée à la fois. Ajoutez de l'eau si la pâte est trop sèche.

8 Transférez la pâte sur une surface de travail enfarinée. Pour la pétrir, repliez la pâte sur elle-même en la tirant vers vous, puis en la repoussant avec la paume de la main.

9 Tournez la pâte d'un quart de tour et recommencez. Continuez ainsi 10 minutes jusqu'à ce que la pâte soit élastique et qu'il y ait des bulles d'air à la surface. Ajoutez de la farine au besoin.

10 Formez une boule avec la pâte. Déposez-la dans un grand bol huilé couvert, ou encore dans un sac de congélation huilé et bien scellé. Gardez à l'abri des courants d'air, de 24 à 27 °C (75 à 80 °F) pendant 1 1/2 heure ou jusqu'à ce que la pâte ait doublé de volume.

11 Pour vérifier si la pâte est bien levée, enfoncez deux doigts à 2,5 cm (1 po) de profondeur. Si la pâte garde sa forme, elle est prête.

12 Enfoncez votre poing dans la pâte pour la faire dégonfler. Mettez la pâte sur une surface de travail enfarinée et pétrissez-la une ou deux minutes. Formez une boule. Laissez reposer cinq minutes. Entre-temps, beurrez ou huilez deux moules à pain de 20 sur 10 sur 5 cm (8 sur 4 sur 2 po).

13 À l'aide d'un couteau tranchant, coupez la pâte en deux. Formez deux rectangles à bouts ronds de 20 cm (8 po) en étirant délicatement la pâte. Mettez-les dans les moules en repliant les bouts sous les miches. Couvrez d'un linge propre ou placez dans un sac de plastique scellé.

14 Placez dans un endroit chaud et laissez gonfler de nouveau, 45 minutes à 1 heure, jusqu'à ce que les pains aient doublé de volume. Préchauffez le four à 230 °C (450 °F).

15 Badigeonnez le dessus de dorure et faites cuire 15 minutes au centre du four. Réduisez la chaleur à 190 °C (375 °F) et faites cuire 20 à 25 minutes de plus, jusqu'à ce qu'ils soient bien dorés.

16 Le test de cuisson consiste à frapper le dessous du pain avec vos jointures. Si le son est creux, le pain est cuit. Pour une croûte plus croustillante, démoulez le pain et faites-le cuire directement sur la grille 5 à 10 minutes de plus.

COMMENT FAÇONNER LES AUTRES PAINS

La plupart des pâtes à pain permettent de donner différentes formes aux pains.
Graissez bien les plaques ou les moules.

LES MICHES RONDES :

1 Pour une miche ronde, formez une boule avec la pâte. Tirez la pâte sous la boule pour la raffermir.

2 Mettez la miche sur une plaque graissée, le repli en dessous. À l'aide d'un couteau tranchant, entaillez un X sur le dessus.

LES PAINS TRESSÉS :

1 Coupez la pâte en trois morceaux égaux. Travaillez chaque morceau en une longue bande. Étendez les bandes côte à côte. Faites une tresse en travaillant du centre vers une extrémité.

2 Pincez les bouts pour les sceller et repliez-les sous la tresse. Tournez le pain et tressez l'autre moitié de la même façon. Repliez les bouts sous la tresse. Transférez la tresse sur une plaque de cuisson.

LA CONFECTION DE LA PÂTE À PIZZA

La pâte à pizza contient en général plus de levure pour une même quantité de farine et gonfle donc plus rapidement. La recette donne une grande pizza ronde ou une pizza rectangulaire de 30 sur 25 cm (15 sur 10 po).

1 Versez environ 60 ml (4 c. à soupe) d'eau tiède dans un petit bol, saupoudrez la levure et brassez à la fourchette pour dissoudre. Laissez gonfler de 10 à 15 minutes, en brassant de temps à autre.

INGRÉDIENTS

1 enveloppe (environ 1 c. à soupe) de levure sèche active
250 ml (1 tasse) d'eau tiède, soit à 43 °C (110 °F)
3 c. à soupe de beurre, en dés
625 g (2 1/2 tasses) de farine tout usage ou à pain
1 1/2 c. à thé de sel
3 c. à soupe d'huile d'olive

2 Tamisez ensemble la farine et le sel dans un grand bol. Creusez un puits au centre. Versez-y la levure fermentée, l'huile d'olive et le reste de l'eau.

3 À l'aide d'une cuillère de bois ou de vos doigts, amenez peu à peu la farine dans le puits. Remuez jusqu'à la formation d'une pâte molle. Incorporez toute la farine. Laissez la pâte reposer deux minutes.

4 Mettez la pâte sur une surface enfarinée et pétrissez-la environ cinq minutes jusqu'à ce qu'elle soit lisse et élastique. Formez une boule et déposez-la dans un grand bol huilé. Couvrez hermétiquement et laissez dans un endroit chaud (26 °C [80 °F]) pendant environ une heure.

5 Enfoncez délicatement votre poing dans la pâte gonflée. Pétrissez la pâte environ une minute sur une surface de travail enfarinée.

6 Roulez la pâte en un grand cercle de 0,5 cm (1/4 de po) d'épaisseur ou en un rectangle de 30 sur 25 cm (15 sur 10 po). Transférez-la sur la plaque appropriée. Ajoutez des garnitures au choix jusqu'à 2 cm (3/4 de po) du bord. Laissez gonfler environ 10 minutes, puis faites cuire au four selon la recette. Le contour de la pizza sera gonflé et doré.

LES PAINS ÉCLAIR ET LES MUFFINS

Les pains éclair sont faciles à préparer et cuisent rapidement. On remplace la levure par de la levure chimique, du bicarbonate de soude ou les deux. Leur consistance tendre et friable rappelle celle des gâteaux. Les agents de levage utilisés réagissent vite à l'humidité et à la chaleur, faisant gonfler la pâte. Les pains éclair les plus répandus sont les pains aux bananes, aux courgettes et aux noix. Les muffins au son et aux bleuets sont aussi populaires. Les biscuits à thé, les scones, les gâteaux danois, les pains de maïs et les pâtes à crêpes, à gaufres et à popovers sont d'autres pains éclair.

LE BICARBONATE DE SOUDE, LA LEVURE CHIMIQUE ET LA CRÈME DE TARTRE

Les agents de levage acide-alcalin datent de la révolution industrielle. Les premiers agents de levage commerciaux remontent aux années 1850.

Le bicarbonate de soude, mêlé avec d'autres ingrédients acides tels le babeurre, la crème sure, le jus de citron, le miel ou la mélasse, produit des bulles de dioxyde de carbone qui font gonfler la pâte. Son action est immédiate. Une fois la pâte dans le four, le gaz est libéré et la pâte double de volume. Le bicarbonate de soude agit aussi en présence de crème de tartre (un acidulé en poudre) et d'un liquide.

La levure chimique (*poudre à pâte*) est un mélange de bicarbonate de soude et d'un sel d'acide, en général la crème de tartre (un sel d'acide tartrique, sous-produit de la fabrication des vins). La levure chimique a une double action; elle commence à agir dès l'ajout du liquide, puis de nouveau à la cuisson. Pour cette raison, il faut mélanger les pâtes et les mettre tout de suite au four.

Conservez les agents de levage dans un endroit frais, sombre et sec. Renouvelez la levure chimique tous les trois ou quatre mois.

LES PAINS ÉCLAIR : PAIN AUX BANANES

1 Préchauffez le four à 160 °C
(325 °F). Préparez un moule à pain de
22 x 11 cm (8 1/2 x 4 1/2 po).
Tamisez les six premiers ingrédients.
Réservez.

INGRÉDIENTS

185 g (3/4 tasse) de farine tout usage

185 g (3/4 tasse) de farine de blé entier

1 c. à thé de bicarbonate de soude

1/2 c. à thé de cannelle moulue

1/2 c. à thé de gingembre moulu

1/2 c. à thé de sel

125 g (1/2 tasse) de beurre ramolli

185 g (3/4 de tasse) de sucre superfin

3 bananes écrasées

2 œufs, légèrement battus

5 c. à soupe d'eau chaude

125 g (1/2 tasse) de pacanes hachées

2 Au batteur électrique, battez le beurre en crème. Incorporez graduellement
le sucre pour obtenir un mélange léger et mousseux. Ajoutez les bananes
lentement, puis les œufs. Si la pâte est grumeleuse, ajoutez un peu du mélange
de farine.

3 Incorporez le mélange de farine en alternant avec l'eau chaude, en quatre ou
cinq étapes, pour obtenir une pâte lisse. Ajoutez les noix.

4 Versez le mélange dans un moule préparé.
Égalisez la surface.

5 Mettez au four environ une heure, jusqu'à
ce qu'un cure-dent en ressorte propre.
Laissez refroidir dans le moule 10 minutes,
puis renversez sur une grille.

LES GÂTEAUX

Le secret d'un gâteau parfait sont de bons ingrédients, des ustensiles appropriés et le respect strict des mesures, des températures et du temps de cuisson.

La plupart des gâteaux sont des pâtes à base de farine, de shortening, de sucre, d'œufs, de liquides et d'essences. L'agent de levage introduit de l'air et fait gonfler le mélange à la cuisson. La chaleur permet au gluten de gonfler jusqu'à ce que le gâteau soit cuit. Un gonflement uniforme produit la texture caractéristique des gâteaux, si appréciée.

Il y a cinq techniques de base pour faire des gâteaux. Parfois, une recette en combine deux. Dans tous les cas, le choix et la préparation des moules jouent un rôle important. Le type de moule détermine le temps de cuisson et l'apparence du gâteau. Un moule en métal foncé réduit le temps de cuisson et donne une croûte plus dorée. Les moules à fond amovible conviennent aux gâteaux délicats. Prévoyez ces moules pour les gâteaux au fromage, les gâteaux aux noix et tout autre gâteau qu'on ne peut pas démouler. Un moule à fond épais évite de faire brûler les gâteaux qui cuisent longtemps, comme les gâteaux aux fruits. Respectez les dimensions et les formes de moules indiquées dans la recette.

LE SUCRE GRANULÉ OU SUCRE SUPERFIN

Bien des recettes de gâteaux ou de pâtisseries fines demandent du sucre granulé. Le sucre superfin coûte plus cher, mais il se dissout mieux dans les mélanges délicats, les pâtes à gâteau fourré ou les crèmes au beurre. Pour faire du sucre superfin maison, passez du sucre granulé au robot culinaire muni d'une lame de métal pendant 20 secondes.

LES ŒUFS

Pour les gâteaux et les autres pâtisseries, il faut utiliser des œufs à la température de la pièce. Les œufs froids risquent de faire figer le beurre et le sucre. Le mélange demeure bon, mais le gâteau a alors une texture différente. Si le mélange œufs-sucre forme des grumeaux, mettez-y une cuillerée de farine afin de lier le tout.

LE GÂTEAU QUATRE-QUARTS AU CITRON

Suivant cette technique, on met en crème le beurre – ou la margarine – et le sucre jusqu'à consistance mousseuse. Assurez-vous d'utiliser du beurre, des œufs et du liquide à la température de la pièce. Bien que l'agent de levage assure le gonflement de la pâte, ce sont les œufs battus qui incorporent l'air dans le gâteau, le rendant à la fois léger, riche et moelleux.

1 Préparez un moule à pain de 20 x 10 x 5 cm (8 x 4 x 2 po). Préchauffez le four à 160 °C (325 °F). Tamisez la farine, la levure chimique et le sel. Réservez.

INGRÉDIENTS

425 g (1 2/3 tasse) de farine
2 c. à thé de levure chimique
1/4 c. à thé de sel
250 g (1 tasse) de beurre doux
    ramolli
185 g (3/4 de tasse) de sucre
    superfin
1 c. à thé d'essence de citron
4 œufs, légèrement battus
1/2 c. à thé d'essence de vanille
1 c. à soupe de zeste de citron râpé
    (facultatif)

2 Dans un grand bol, battez le beurre en crème avec une cuillère de bois ou un batteur électrique à vitesse moyenne. Incorporez le sucre graduellement et battez à grande vitesse; le mélange pâlira et prendra une texture mousseuse. Raclez les parois du bol de temps à autre.

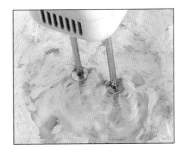

3 Ajoutez les œufs battus, un à la fois. Mêlez bien après chaque addition et raclez les parois du bol de temps à autre. Si le mélange forme des grumeaux, saupoudrez un peu de farine afin de lier les ingrédients.

4 Incorporez les ingrédients secs en trois fois, en pliant délicatement dans le mélange. (Si vous utilisez le batteur électrique, évitez de trop mêler.) Ajoutez maintenant les liquides, en alternant avec les ingrédients secs.

5 Versez la pâte dans le moule préparé. Égalisez la surface, puis creusez-la légèrement au centre. (Le gâteau gonflera plus uniformément, car le centre semble gonfler plus que les côtés.)

6 Faites cuire au four de 50 à 60 minutes ou jusqu'à ce que le gâteau garde sa forme au toucher. Laissez refroidir 10 minutes avant de démouler.

7 Saupoudrez de sucre glace avant de servir.

LE GÂTEAU FOURRÉ – UN SEUL BOL

Cette technique est une variante de la mise en crème qui requiert une seule étape. C'est ainsi qu'on confectionne le classique gâteau victorien.

INGRÉDIENTS

310 g (1 1/4 tasse) de farine à levure
1 c. à thé de levure chimique
1/4 de c. à thé de sel
185 g (3/4 de tasse) de sucre super fin
185 g (3/4 de tasse) de beurre doux, ramolli
3 œufs
1 c. à thé d'essence de vanille

1 Préparez deux moules à gâteau ronds de 18 cm (7 po). Préchauffez le four à 180 °C (350 °F). Tamisez farine, levure chimique et sel dans un grand bol.

2 Incorporez le sucre, le beurre, les œufs et l'essence de vanille. Mêlez au batteur électrique jusqu'à l'obtention d'un mélange lisse.

3 Versez le mélange dans les moules et faites cuire environ 20 minutes. Laissez refroidir puis démoulez. Étalez de la crème fouettée et de la confiture de fraises entre les deux gâteaux empilés puis saupoudrez de sucre glace.

LA TECHNIQUE DE REFONTE : LE PAIN D'ÉPICE

Les gâteaux qui utilisent cette technique sont en général très sucrés, avec une pâte dense et moelleuse. Faites fondre le sucre, le sirop et les autres liquides dans le corps gras. Une fois ce mélange refroidi, incorporez les ingrédients secs et les œufs. Le bicarbonate de soude est l'agent de levage le plus courant. Les gâteaux aux fruits, le pain d'épice et des gâteaux mousseline sont des exemples de cette technique.

INGRÉDIENTS

425 g (1 2/3 tasse) de farine
1/4 c. à thé de sel
1 c. à thé de bicarbonate de soude
1 c. à soupe de gingembre moulu
125g (1/2 tasse) de beurre
125 ml (1/2 tasse) de sirop de maïs
125 ml (1/2 tasse) de mélasse
125 g (1/2 tasse) de gingembre
    confit, haché fin, ou 1 c. à
    thé de gingembre moulu.
60 g (1/4 de tasse) de cassonade
    foncée
2 œufs, légèrement battus
185 ml (3/4 de tasse) de lait

1 Tapissez un moule à gâteau rond de 20 cm (8 po). Préchauffez le four à 160 °C (325 °F). Tamisez farine, sel, bicarbonate de soude et gingembre moulu dans un bol.
2 Mettez dans une casserole le beurre, le sirop de maïs, la mélasse, la cassonade et le gingembre confit.

3 Faites fondre à feu moyen-doux en remuant de temps à autre. Retirez du feu et laissez refroidir. Battez les œufs et le lait dans le mélange refroidi.

4 Creusez un puits au centre des ingrédients secs et versez-y le mélange liquide. Brassez jusqu'à l'obtention d'une pâte lisse et homogène.

5 Faites cuire au four une heure ou jusqu'à ce qu'un cure-dent inséré au centre en ressorte propre. Attendez 10 minutes avant de démouler.

TECHNIQUE DE FROTTAGE : LE GÂTEAU À LA MARMELADE

Cette technique à l'ancienne produit un gâteau dense, mais moelleux, semblable aux pains éclair. Le beurre est défait dans la farine comme pour les pâtes à pâtisserie, avec du bicarbonate de soude comme agent de levage.

INGRÉDIENTS

425 g (1 2/3 tasse) de farine avec levure

1/2 c. à thé de sel

125 g (1/2 tasse) de beurre froid, en dés

60 g (1/4 de tasse) de sucre superfin

2 œufs, légèrement battus

3 c. à soupe de marmelade d'oranges

3 c. à soupe de lait

1 Graissez et tapissez un moule de 20 x 10 x 5 cm (8 x 4 x 2 po). Préchauffez le four à 175 °C (350 °F). Tamisez la farine et le sel dans un grand bol.

2 Mettez les dés de beurre dans la farine et enrobez-les. À l'aide d'un mélangeur à pâte ou de vos doigts, coupez le beurre dans la farine pour obtenir un mélange grumeleux, comme une chapelure moyenne.

3 Ajoutez le sucre, les œufs, la marmelade et le lait. Mêlez bien. Versez le mélange dans le moule. Faites cuire 50 minutes ou jusqu'à ce qu'un cure-dent inséré au centre en ressorte propre. Attendez 10 minutes avant de démouler.

LA TECHNIQUE AU FOUET

La technique au fouet ne requiert aucun agent de levage ; c'est l'air dans les œufs battus qui donne sa légèreté au gâteau. Le gâteau gonfle lorsque l'air prend de l'expansion à la cuisson. L'exemple le plus connu est la génoise française. D'abord confectionnée sans gras, elle contient maintenant un peu de beurre fondu, qu'on plie dans le mélange à la toute fin pour enrichir la pâte et lui conférer de l'humidité. La génoise sert de base à plusieurs gâteaux connus, gâteaux roulés et desserts. Parce qu'elle est plutôt sèche, on la badigeonne souvent d'un sirop parfumé ou d'une liqueur. Elle est excellente si on la mange le même jour. C'est un support parfait pour une riche glace au beurre.

On peut fouetter les œufs entiers. Ou encore, on peut fouetter les jaunes d'œufs avec le sucre pour former une base, puis y plier les blancs montés en neige et la farine à la fin. Cette technique donne un gâteau à texture plus sèche et plus ferme.

L'ÉTAPE DE LA « TRACE »

Dans toutes les techniques, les œufs, entiers ou séparés, sont fouettés avec du sucre, et parfois chauffés pour accroître leur volume. Quand vous soulevez le fouet, le mélange devrait couler et laisser une trace à la surface. Avec des jaunes d'œufs, le mélange sera plus épais et plus dense. Fouettez les œufs ou les jaunes à la main avec le sucre dans un bol en acier inoxydable ou à l'épreuve de la chaleur. Placez le bol au-dessus d'une eau à faible ébullition, sans y toucher. Fouettez au batteur électrique à vitesse moyenne jusqu'à l'obtention d'un mélange très pâle et épais, qui laisse une trace à la surface, soit environ 10 minutes. Retirez du feu et continuez de fouetter pour refroidir.

L'AJOUT DU BEURRE

Certaines recettes de gâteaux au fouet demandent d'ajouter du beurre. C'est une étape délicate qui, manquée, peut faire dégonfler l'appareil et donner un gâteau massif. Certains chefs ajoutent le beurre fondu pour obtenir un mélange assez lisse pour le verser. Il faut s'assurer que le beurre est refroidi avant de l'incorporer avec la dernière part de farine.

1 Juste avant d'ajouter la dernière part de farine, incorporez un peu de pâte dans le beurre fondu pour l'alléger. Pliez délicatement le beurre fondu dans le mélange.

2 Vous pouvez aussi battre le beurre pour le liquéfier, sans toutefois le clarifier ou le faire fondre. Versez-le peu à peu autour du bol et pliez-le avec soin dans le mélange. (Le verser à la surface fera dégonfler la pâte.)

LE GÂTEAU FOURRÉ CLASSIQUE

INGRÉDIENTS

185 g (3/4 de tasse) de farine
1/4 de c. à thé de sel
4 œufs
125 g (1/2 tasse) de sucre super fin
1/2 c. à thé d'essence de vanille ou
   de citron
60 g (1/4 de tasse) de beurre, fondu
   (facultatif)

1 Graissez et tapissez un moule rond de 22,5 cm (9 po). Tamisez la farine et le sel deux fois (idéalement au-dessus d'une feuille de papier ciré ou d'un grand bol.)

2 Fouettez les œufs et le sucre jusqu'à l'étape de la « trace » (voir la page 213). Ajoutez l'essence de vanille ou de citron; fouettez pour refroidir. Tamisez la farine sur ce mélange en deux ou trois fois, et pliez le plus délicatement possible.

3 Le cas échéant, versez des gouttes de beurre fondu autour du bol et pliez-les dans le mélange avec la dernière part de farine. Versez dans le moule et faites cuire environ 25 minutes. Le gâteau reprendra sa forme au toucher. Attendez 10 minutes avant de démouler.

LE GÂTEAU AU FROMAGE CLASSIQUE DE NEW YORK

Ce dessert populaire n'est pas un gâteau proprement dit, mais une préparation de fromage blanc, à la crème ou ricotta, qui repose en général sur une croûte de miettes, plus rarement de pâte, dans un moule à ressort. Il est moelleux et crémeux. Les œufs assurent la tenue de ce mélange de fromage, de sucre et d'essences battus au lieu de le faire gonfler. Certains gâteaux au fromage sans cuisson contiennent de la gélatine.

INGRÉDIENTS

Moule à ressort de 23 cm (9 po) tapissé
   d'une croûte de miettes, cuite
500 g (1 lb)) de fromage à la crème
310 g (1 1/4 tasse) de sucre
500 ml (2 tasses) de crème sure (aigre)
3 œufs
1 c. à soupe d'essence de vanille

1 Battez le fromage à la crème au batteur électrique à basse vitesse pour le rendre crémeux. Ajoutez la moitié du sucre; mêlez bien. Incorporez 125 ml (1/2 tasse) de crème sure, puis les œufs, un à la fois, puis 2 c. à thé d'essence de vanille. Raclez les parois du bol de temps à autre.

2 Faites cuire 45 minutes au four préchauffé à 160 °C (325 °F). Réduisez la chaleur si le gâteau brunit trop vite. Laissez refroidir cinq minutes. Incorporez le reste de la crème sure avec le reste du sucre et de l'essence de vanille. Faites cuire de cinq à sept minutes. Laissez refroidir sur une grille. Réfrigérez jusqu'au lendemain.

LE GÂTEAU AU FROMAGE PARFAIT

Les fentes dans les gâteaux au fromage dépendent le plus souvent d'un four trop chaud. Les bords cuisent alors plus vite que le centre. Placez le moule, entouré de papier d'aluminium (pour éviter les fuites), dans un bain d'eau ou mettez un plat d'eau au fond du four.
Une autre cause est un mélange trop battu ; une autre, le passage trop rapide d'un four chaud à une surface froide. Par prévention, laissez cuire le gâteau cinq minutes de moins, fermez le feu, entrouvrez la porte du four et attendez une heure avant de sortir le gâteau.

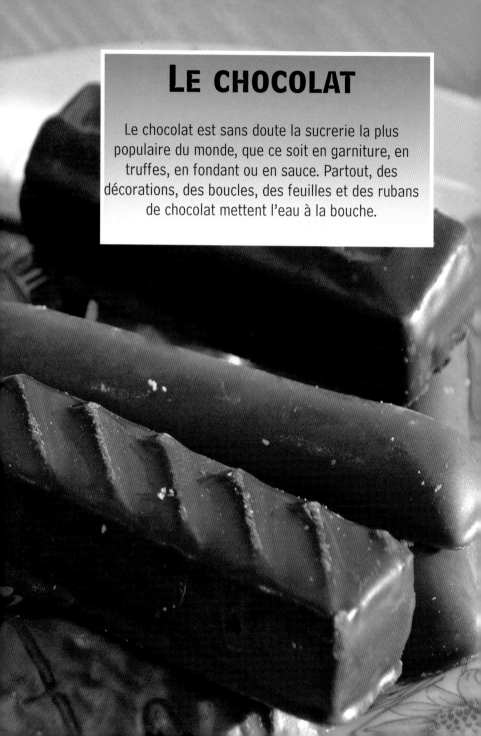

LE CHOCOLAT

Le chocolat est sans doute la sucrerie la plus populaire du monde, que ce soit en garniture, en truffes, en fondant ou en sauce. Partout, des décorations, des boucles, des feuilles et des rubans de chocolat mettent l'eau à la bouche.

LES TYPES DE CHOCOLAT

Il y a beaucoup de types de chocolat, solide et fondu, noir et blanc, amer, sucré et au lait, même en poudre (cacao). Le chocolat doit ses différents goûts aux divers degrés de qualité et de torréfaction des graines de cacao, au type de production et aux préférences locales des pays producteurs.

Les chocolats de marque sont faits de liqueur de chocolat additionnée de beurre de cacao, de sucre et d'assaisonnements. Plus la teneur en liqueur de chocolat et en beurre de cacao est élevée, meilleur est le chocolat. Chaque pays producteur établit ses normes. Bien que certains types de chocolats aient des usages précis, les normes sont une question de préférences personnelles.

Le chocolat ordinaire, mi-amer ou mi-sucré. Ce chocolat foncé varie de mi-amer à régulier, puis à mi-sucré. Il ne contient que de la liqueur de chocolat et du beurre de cacao, parfois de la lécithine (un émulsifiant), et du sucre en quantités variables.

Le chocolat blanc n'est pas un chocolat au sens strict, car il ne contient pas de liqueur de chocolat. Il gagne en popularité et entre dans la confection de gâteaux, de mousses, de sauces et de desserts. Il offre un contraste intéressant avec les autres chocolats.

Le chocolat au lait contient un pourcentage moindre de cacao, environ 15 %. On y ajoute du lait en poudre. Pour cette raison et à cause de son goût très sucré, on ne peut pas le substituer aux chocolats mi-amer, noir ou mi-sucré dans la cuisson ou les desserts.

COMMENT FAIRE FONDRE LE CHOCOLAT

On peut faire fondre le chocolat de différentes façons, mais toujours lentement. On peut utiliser le bain-marie, le micro-ondes ou un four très doux. Rappelez-vous que le chocolat doit être *tiède*, et non chaud.

L'ajout de liquide empêche le chocolat de brûler, mais il en faut assez pour éviter qu'il durcisse. Durcir signifie devenir granuleux et figé, avec une apparence mate et pâteuse. Le chocolat se marie bien au beurre, à la crème, au lait, à l'eau, au café et aux liqueurs. En général, 1 c. à soupe de liquide par 60 g (2 oz) de chocolat suffit.

SUR LA CUISINIÈRE :
Pour faire fondre le chocolat sur la cuisinière, mettez-le dans la partie supérieure d'un bain-marie ou dans un bol déposé sur une casserole d'eau à faible ébullition. Le bol ne doit pas toucher l'eau. Laissez le chocolat ramollir quelques minutes, puis remuez de temps à autre jusqu'à ce qu'il commence à fondre. Remuez jusqu'à ce qu'il soit complètement fondu.

DANS UN LIQUIDE SUR UNE CHALEUR DIRECTE : Mettez le chocolat en morceaux dans un poêlon à fond épais. Ajoutez le liquide ou le beurre selon la recette. Chauffez à feu doux et remuez fréquemment jusqu'à ce que le chocolat soit fondu et lisse. Retirez du feu.

POUR RÉCUPÉRER LE CHOCOLAT DURCI : Ajoutez 1 c. à thé de shortening ou d'huile végétale pour 30 g (1 oz) de chocolat. Évitez le beurre et la margarine, car ils contiennent de l'eau. Si ce truc ne fonctionne pas, recommencez avec d'autre chocolat. Ne jetez pas le chocolat durci. Il peut servir dans une recette où le chocolat doit fondre dans un autre liquide.

LA STABILISATION DU CHOCOLAT

Ce procédé consiste à faire fondre et à reformer le chocolat pour stabiliser le beurre et les solides du cacao. Les chefs utilisent surtout cette méthode pour obtenir du chocolat de couverture qui fige rapidement et se dégage facilement des moules. Il se conserve pendant des semaines à la température de la pièce sans perdre sa forme ni son lustre. Il faut mettre sans tarder le chocolat non stabilisé au réfrigérateur pour éviter que le beurre de cacao ne monte à la surface.

Tous les chocolats durs sont stabilisés lors de leur confection, mais une fois fondus, on doit les stabiliser de nouveau.

1 Faites fondre le chocolat de couverture selon l'une des techniques ci-contre. Il doit atteindre une température de 43 °C (110 °F). Vérifiez-le à l'aide d'un thermomètre à confiserie. Brassez jusqu'à ce que le chocolat soit bien fondu et lisse.

2 Versez les trois quarts du chocolat sur une plaque de marbre ou une surface de travail. À l'aide d'une spatule de métal ou d'un racloir de caoutchouc, ramenez-le vers le centre, puis étalez-le de nouveau. Travaillez ainsi de trois à cinq minutes jusqu'à ce qu'il ne laisse plus de traces.

3 Remettez le chocolat dans le bol et mêlez bien avec le chocolat réservé. Le thermomètre devrait indiquer 32 °C (90 °F). Le chocolat est stabilisé et prêt à l'utilisation.

COMMENT ENROBER UN ALIMENT DE CHOCOLAT

On peut enrober les bonbons et les fruits de chocolat. Il est préférable d'utiliser du chocolat stabilisé, mais le chocolat ordinaire fondu peut aussi convenir si on le met au réfrigérateur après sa cuisson.

1 Faites fondre (ou fondre de nouveau) le chocolat et versez-le dans un bol profond. Le thermomètre devrait indiquer 46 à 49 °C (115 à 120 °F). À l'aide d'une fourchette à fondue au chocolat ou d'une brochette, trempez les fruits ou les bonbons dans le chocolat.

2 Enrobez bien le morceau, puis retirez-le du chocolat. Tapotez doucement la fourchette ou la broche contre le rebord du bol pour faire tomber l'excès de chocolat.

3 Déposez sur une plaque à biscuits tapissée de papier parchemin. Avec les dents de la fourchette, formez deux petites pointes vers le haut.

LES FEUILLES EN CHOCOLAT

Utilisez des feuilles fraîches et non toxiques, à nervures apparentes, par exemple de rosier ou de citronnier. À l'aide d'un pinceau à pâtisserie, étendez du chocolat fondu sur la face nervurée de la feuille. Réfrigérez sur une plaque à biscuits tapissée de papier parchemin. Pour démouler, enlevez la feuille à partir de la tige.

TRUFFES AU CHOCOLAT FACILES

Les truffes sont si faciles à confectionner! Roulez-les dans du cacao ou des noix, ou enrobez-les de chocolat stabilisé. Laissez aller votre imagination !

INGRÉDIENTS

250 g (1 tasse) de chocolat de bonne qualité, en morceaux
85 ml (1/3 de tasse) de crème épaisse
1 à 2 c. à soupe de cognac ou de rhum
Cacao

1 Faites fondre le chocolat au bain-marie, dans un bol au-dessus d'une casserole d'eau chaude ou au micro-ondes.

2 Éloignez le chocolat de la chaleur et ajoutez la crème. Mêlez bien. Laissez refroidir à la température de la pièce. Incorporez le cognac et le rhum. Réfrigérez environ 30 minutes, jusqu'à ce que la préparation garde sa forme.

3 Mettez du cacao dans un petit bol ou une assiette peu profonde. Roulez délicatement la préparation de truffes entre vos doigts pour former des petites boules de 2,5 cm (1 po) de diamètre.

4 Enrobez les truffes de cacao. Soulevez-les à l'aide d'une fourchette ou d'une cuillère à égoutter pour enlever le surplus de cacao. Déposez-les sur une plaque à biscuits. Réfrigérez jusqu'au moment de servir.

INDEX